Sarah Abbondio

Mini-Amigurumis

Sarah Abbondio ist eine dänisch-schweizerische Designerin, die schon früh ein Interesse dafür entwickelte, eigene Dinge zu entwerfen. Sie ist gelernte Textildesignerin und arbeitete als unabhängige Designerin und Produktentwicklerin für mehrere dänische Marken. Ihr Interesse am Häkeln wurde geweckt, als ihre Tochter geboren wurde und sie ein einzigartiges Spielzeug für sie entwerfen wollte. Sarah brachte sich selbst das Häkeln bei und seitdem ist es ihr wichtigstes Hobby.

Vielen Dank an meine Häklerinnen:

Katia Abbondio, Kristina Abbondio,

Mette Glavind, Dorthe Beith Hansen und Anne Bank Nielsen.

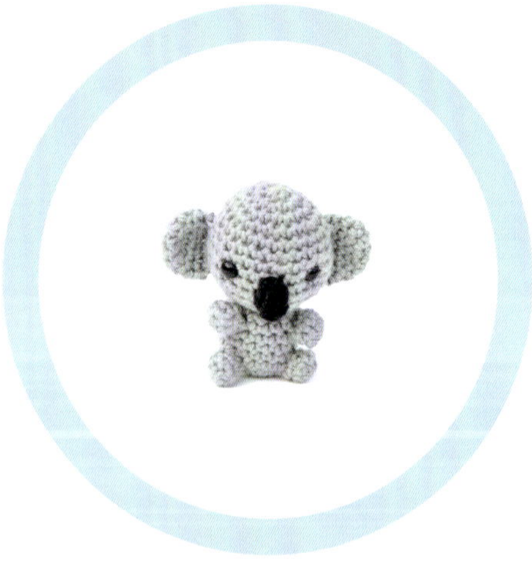

Vielen Dank auch an die Firma yarnliving.com, die

mir das Häkelgarn zur Verfügung gestellt hat.

Mini AMIGURUMIS

26 niedliche Tierchen häkeln

Inhalt

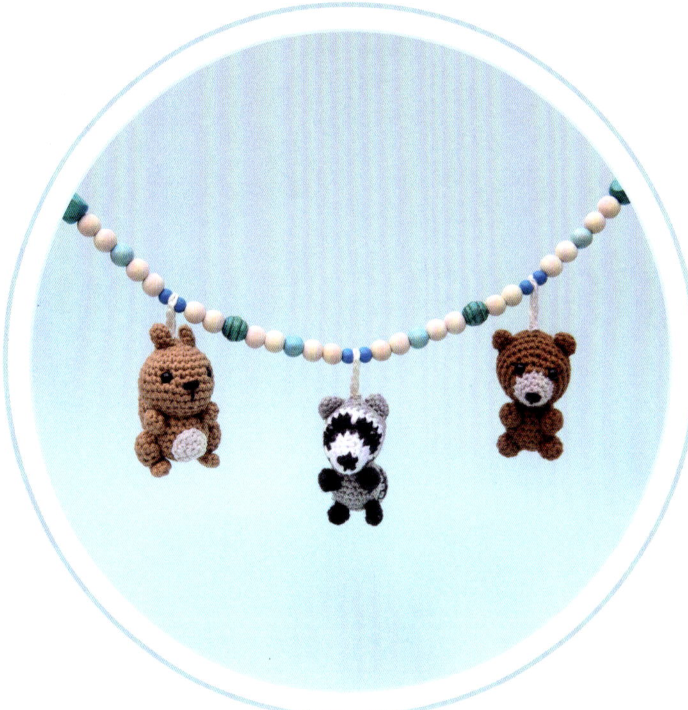

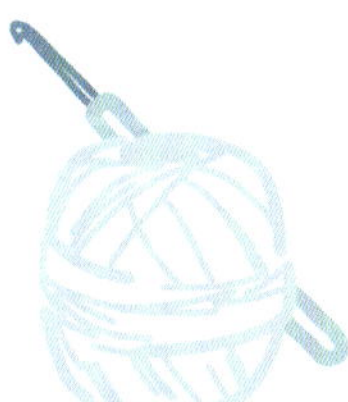

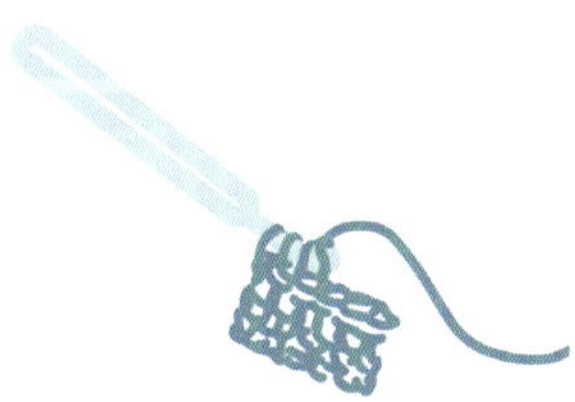

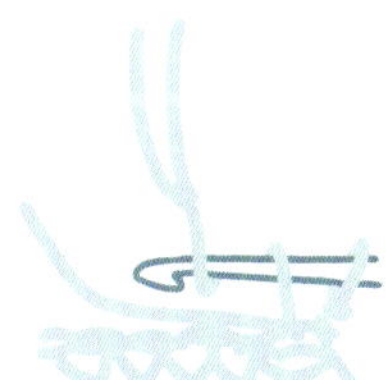

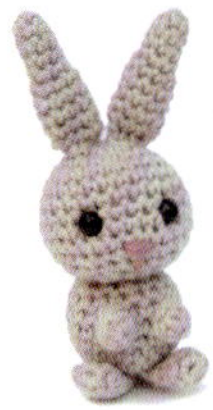

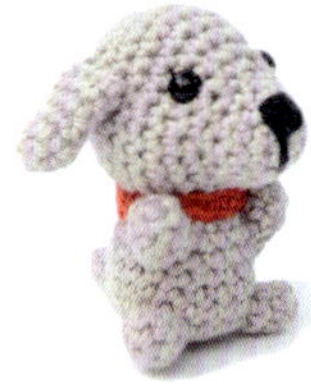

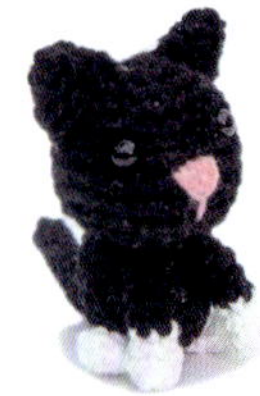

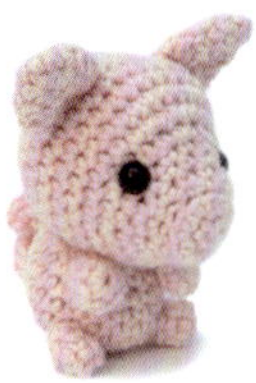

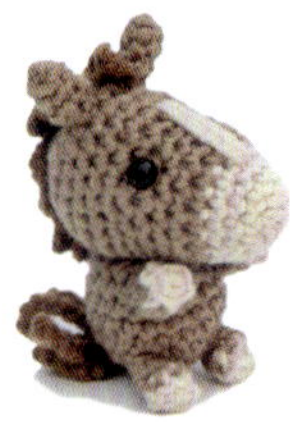

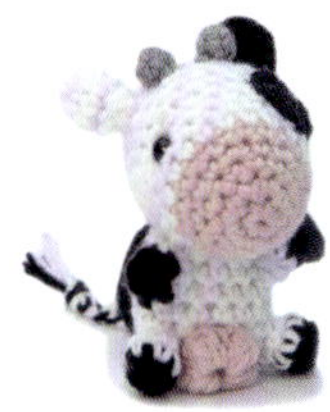

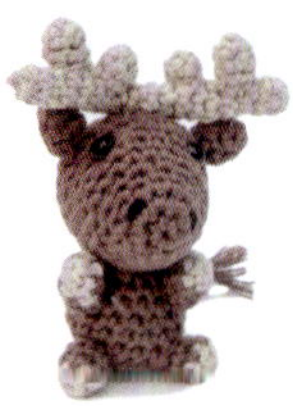

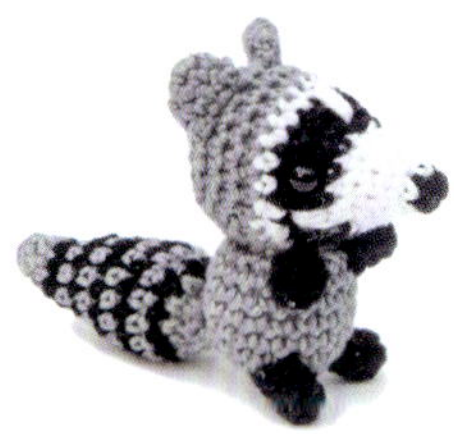

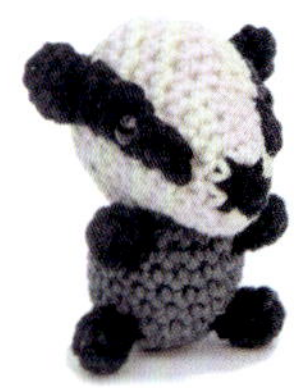

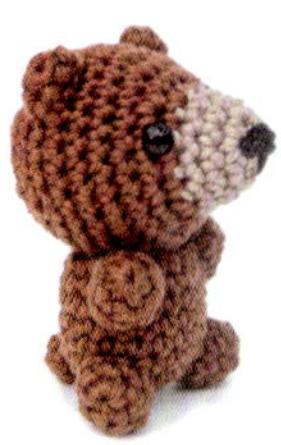

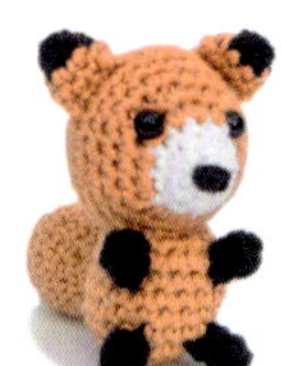

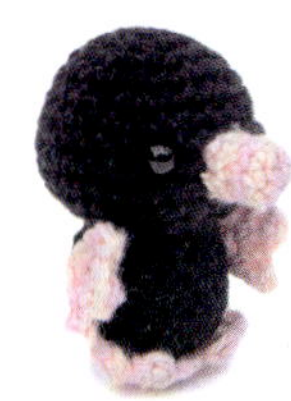

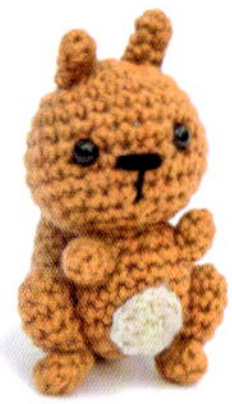

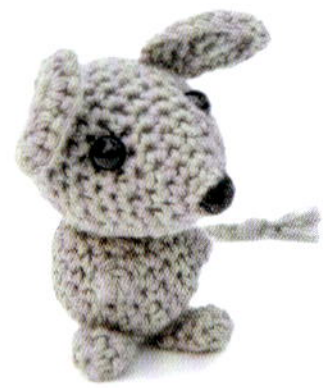

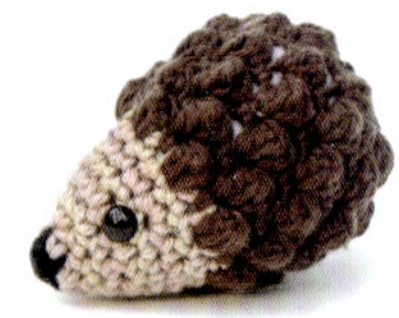

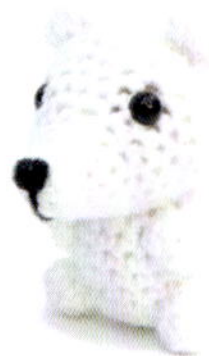

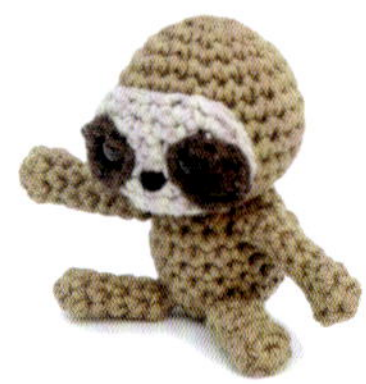

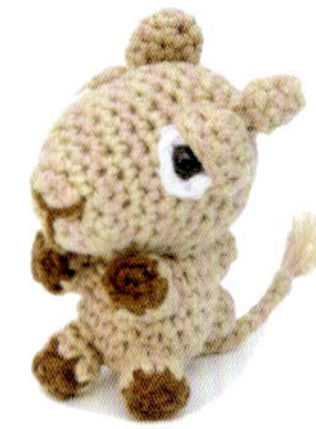

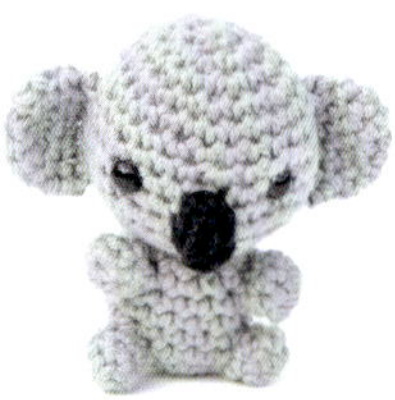

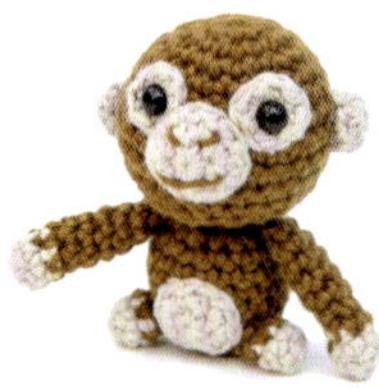

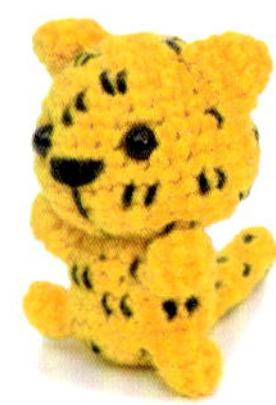

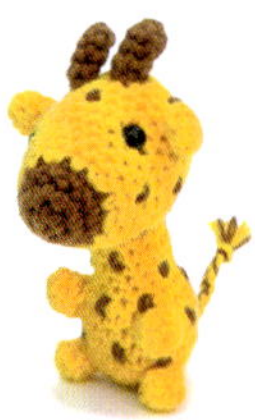

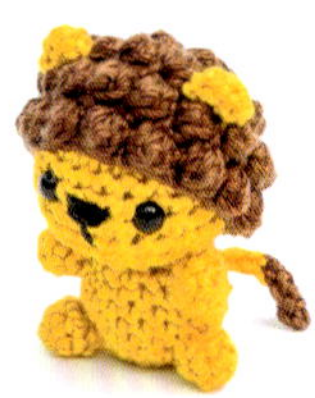

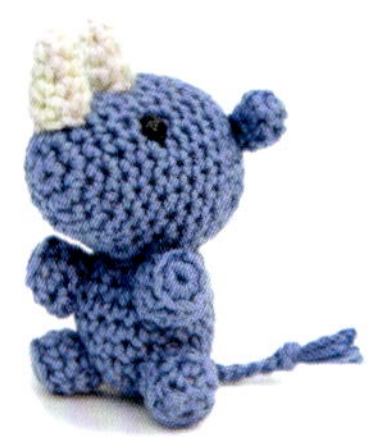

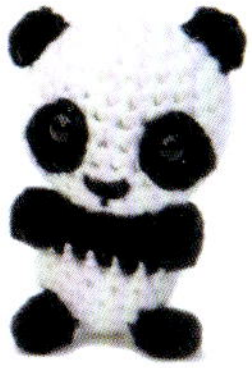

PANDABÄR

45

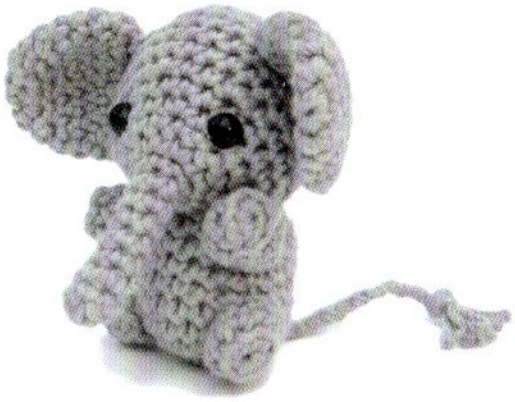

ELEFANT

46

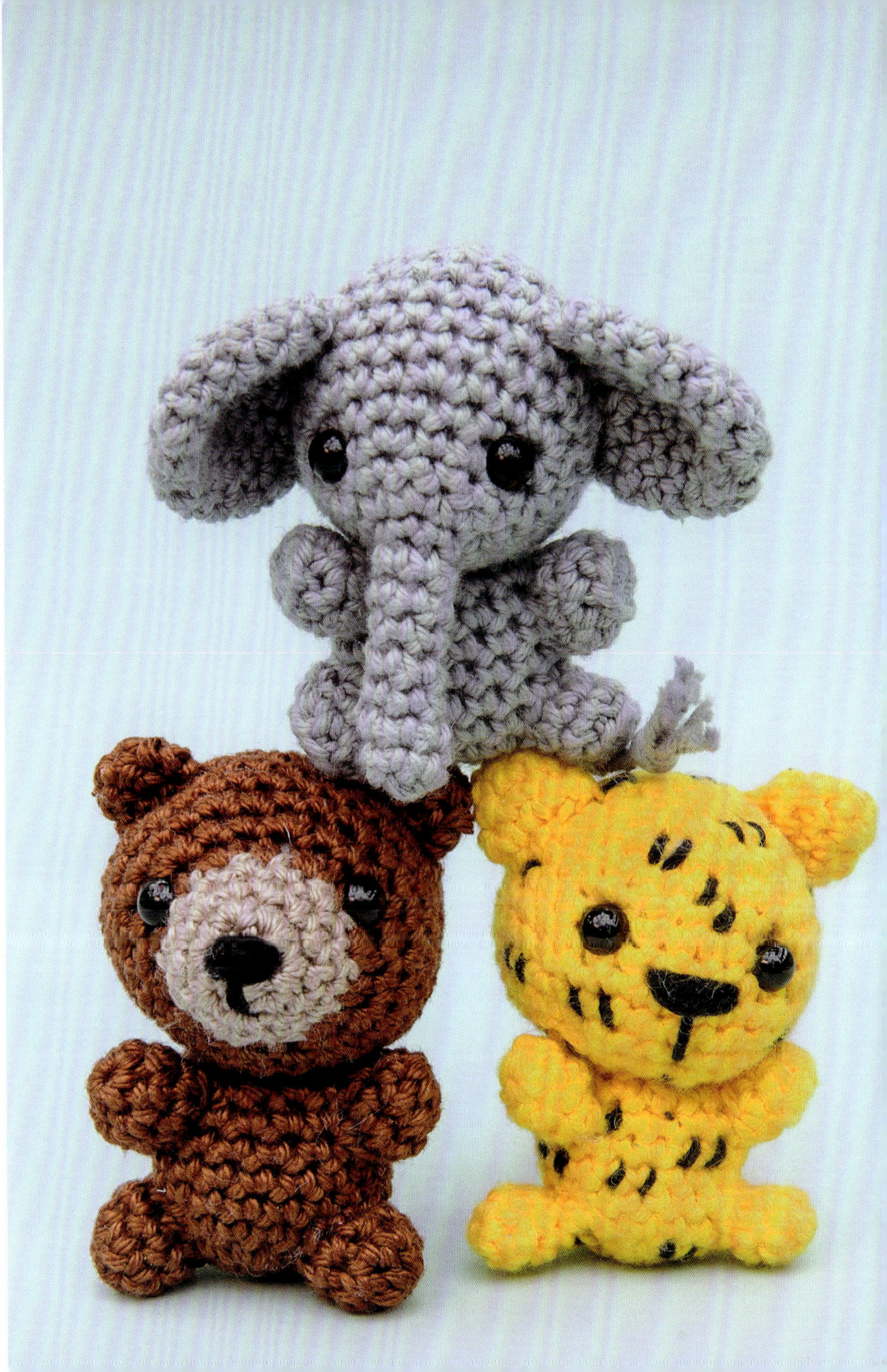

MATERIAL UND WERKZEUGE

GARN
Die meisten Tiere werden mit dünnem Baumwollgarn (Sockenwolle) mit einer Lauflänge von 160–170 m je 50 g und einer Häkelnadel in Stärke 2,5 mm gehäkelt. Für die etwas größeren Versionen des Hasen, Eisbären und Elefanten wird dieses Garn doppelt genommen oder etwas dickeres Baumwollgarn und eine Häkelnadel in Stärke 4,0 mm verwendet. Da für die Tiere nur wenig Garn benötigt wird, sind sie perfekt geeignet für die Garn-Resteverwertung aus anderen Projekten.

HÄKELNADEL
Nimm eine für das jeweilige Garn empfohlene Häkelnadel, aber bedenke, dass die Figur größer wird, wenn du mit dickerem Garn und einer größeren Nadel arbeitest. Sie wird umgekehrt kleiner, wenn das Garn dünner und die Nadel kleiner ist als angegeben. Ich habe für die meisten Figuren in diesem Buch eine Häkelnadel in Stärke 2,5 mm benutzt.

MASCHENMARKIERER
Wenn du Spiralrunden häkelst, ist ein Maschenmarkierer hilfreich, damit du weißt, wo die Runde endet. Setze den Maschenmarkierer einfach eine Runde weiter nach oben, wenn du eine Runde beendet hast.

FÜLLMATERIAL
Die Figuren werden alle mit weicher Polyesterfüllung ausgestopft, die man in den meisten Bastel- und Handarbeitsläden bekommt.

NADELN
Nimm zum Zusammennähen der Einzelteile und zum Vernähen der Fadenenden eine Tapisserienadel mit stumpfer Spitze.

SICHERHEITSAUGEN
Für die Figuren in diesem Buch habe ich schwarze Sicherheitsaugen mit 5 mm Durchmesser verwendet. Wenn die Figuren als Rasseln oder Spielzeug für Kinder unter 3 Jahren gedacht sind, empfehle ich, die Augen mit schwarzem Stick- oder Nähgarn aufzusticken.

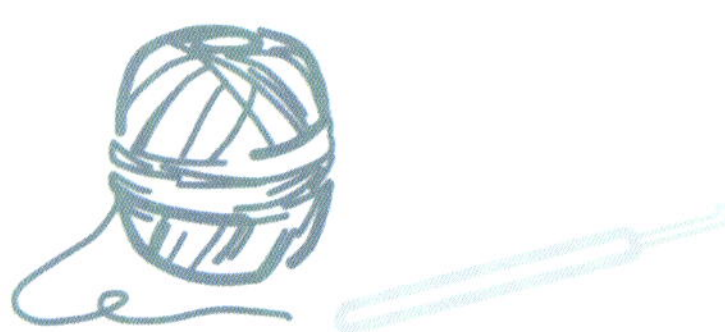

HINWEISE UND ABKÜRZUNGEN

BEGINN

Für alle Figuren in diesem Buch wird zuerst ein Fadenring oder eine Luftmaschenkette gehäkelt. Eine Arbeit wird mit einem Fadenring begonnen, wenn sie in Spiralrunden gehäkelt wird.
Für das Häkeln in Runden ist ein Maschenmarkierer sehr hilfreich, so kannst du den Anfang und das Ende jeder Runde gut erkennen.
Eine Luftmaschenkette wird für Teile verwendet, bei denen in Reihen hin- und hergehäkelt wird. Die Arbeit wird dann am Ende jeder Reihe gewendet. Für Teile, die in Runden gehäkelt werden, benötigst du nur in Ausnahmefällen eine Luftmaschenkette.
Wenn nicht anders angegeben, wird immer in beide Maschenschlingen einer Masche gehäkelt.

SYMBOLE IN DEN ANLEITUNGEN

Die Ziffern in Klammern zeigen an, wie viele Maschen eine Runde oder Reihe hat.
Sternchen ** bedeuten, dass die Anleitungsteile zwischen ihnen so oft wiederholt werden müssen, wie direkt dahinter ausgeschrieben steht.

FERTIGE GRÖSSE

Jedes Tier ist etwa 6 cm groß, wenn es mit dem angegebenen Garn gehäkelt wurde.

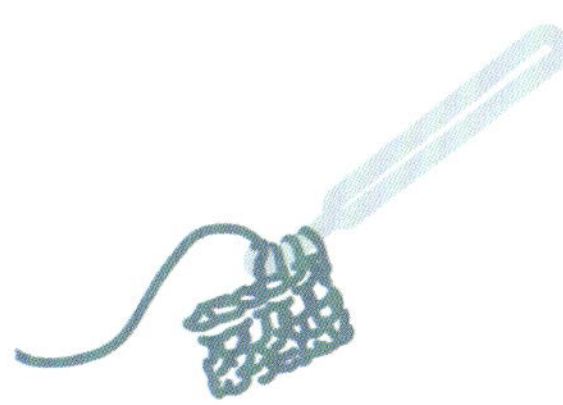

ABKÜRZUNGEN

2 fM zus	2 feste Maschen zusammenhäkeln
fM	feste Masche(n)
hMg	hintere(s) Maschenglied(er)
hStb	halbe(s) Stäbchen
Km	Kettmasche(n)
Lm	Luftmasche(n)
M	Masche(n)
Popcorn-M	Popcorn-Masche(n)
Stb	Stäbchen

HÄKELTECHNIKEN

FADENRING

1. Das Fadenende festhalten und den Arbeitsfaden um zwei Finger wickeln, sodass ein Ring entsteht.
2. Die Häkelnadel in den Ring führen.
3. Den Faden auf die Nadel nehmen und durch den Ring ziehen. Jetzt liegt eine Schlinge auf der Nadel.
4. Eine Luftmasche häkeln, dafür das Garn um die Nadel legen und durch die Schlinge ziehen.
5. Die Nadel in den Ring führen und das Garn aufnehmen. Jetzt liegen zwei Schlingen auf der Nadel.
6. Das Garn um die Nadel legen und durch beide Schlingen auf der Nadel ziehen. Jetzt wurde eine Kettmasche gehäkelt. Schritt 5 und 6 wiederholen, bis die gewünschte Maschenzahl gehäkelt wurde.
7. Das lose Fadenende zu einem Ring festziehen, sodass sich das Loch in der Mitte schließt (siehe Zeichnungen unten).

LUFTMASCHE HÄKELN (Lm)

1. Eine Schlinge in das Garn knoten und die Häkelnadel hindurchführen.
2. Den Faden auf die Nadel legen und durch die Anfangsschlinge ziehen. Das ist die erste Luftmasche.
3. So weiter fortfahren und das Garn um die Nadel legen und den Faden durch die Schlinge ziehen, bis die in der Anleitung angegeben Luftmaschenanzahl entstanden ist.

KETTMASCHE (Km)

1. Mit der Nadel in die folgende Masche einstechen.
2. Den Faden auf die Nadel legen und durch die Masche und die Schlinge auf der Nadel ziehen. Die Kettmasche ist nun fertig

FESTE MASCHE (fM)

1. Mit der Nadel in die folgende Masche einstechen.
2. Den Faden auf die Nadel legen und durch die Masche ziehen. Jetzt liegen zwei Schlingen auf der Nadel.
3. Den Faden auf die Nadel legen und durch beide Schlingen auf der Nadel ziehen.

STÄBCHEN (Stb)

1. Den Faden um die Nadel legen, die Nadel in die nächste Masche stechen, den Faden auf die Nadel legen und durch die Masche ziehen. Jetzt liegen drei Schlingen auf der Nadel.

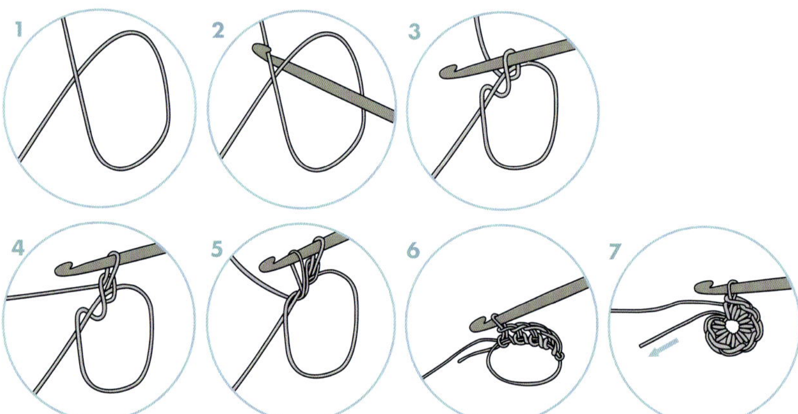

2. Den Faden nochmals um die Nadel legen und durch die ersten beiden Schlingen auf der Nadel ziehen. Jetzt liegen zwei Schlingen auf der Nadel.
3. Den Faden nochmals um die Nadel legen und durch beide Schlingen auf der Nadel ziehen. Das Stäbchen ist nun fertig.

HALBES STÄBCHEN (hStb)

1. Den Faden um die Nadel legen, die Nadel in die nächste Masche stechen, den Faden um die Nadel legen und durch die Masche ziehen. Jetzt liegen drei Schlingen auf der Nadel.
2. Den Faden nochmals um die Nadel legen und durch alle drei Schlingen auf der Nadel ziehen. Das halbe Stäbchen ist nun fertig

POPCORN-MASCHE (POPCORN-M)

1 Popcorn-Masche = 4 unfertige Stäbchen in einer Masche

1. Ein Stäbchen arbeiten, aber am Ende den Faden nicht durchziehen, sodass noch zwei Schlingen auf der Nadel liegen. Noch drei weitere unfertige Stäbchen häkeln, bis fünf Schlingen auf der Nadel liegen.
2. Den Faden um die Nadel legen und durch alle Schlingen ziehen, mit einer Luftmasche enden.

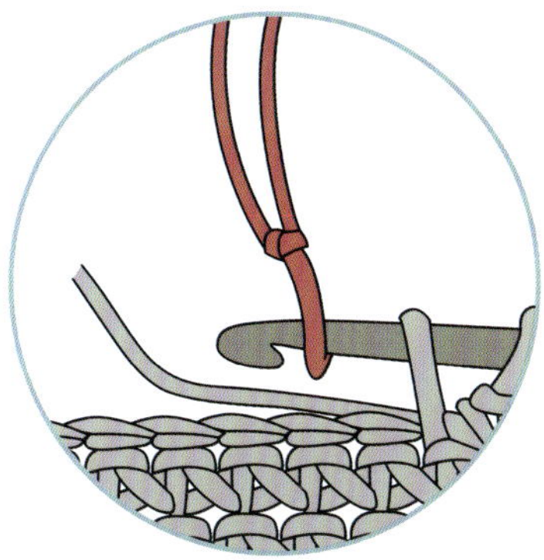

FARBWECHSEL

1. Mit der Nadel in die nächste Masche einstechen.
2. Den Faden um die Nadel legen und durch die Schlinge ziehen. Jetzt liegen zwei Schlingen auf der Nadel.
3. Mit dem neuen Faden weiterarbeiten: Den Faden um die Nadel legen und durch beide Schlingen auf der Nadel ziehen.
4. Mit der neuen Farbe fortfahren.

MASCHEN ABNEHMEN

Hierbei werden zwei feste Maschen zusammengehäkelt (2 fM zus).

1. Mit der Nadel in die nächste Masche einstechen, den Faden um die Nadel legen und durch die Masche ziehen.
2. Mit der Nadel in die nächste Masche einstechen, den Faden um die Nadel legen und durch diese Masche ziehen. Jetzt liegen drei Schlingen auf der Nadel.
3. Den Faden um die Nadel legen und den Faden durch alle drei Schlingen auf der Nadel ziehen. Jetzt wurden zwei feste Maschen zusammengehäkelt und eine Masche abgenommen.

ARBEIT BEENDEN

Ist die letzte Runde gehäkelt, den Faden lang abschneiden, durch die letzte Schlinge ziehen und mit einer Vernähnadel und dem Restfaden in die vorderen Maschenglieder der letzten Runde weben. Den Faden fest anziehen und so die Öffnung schließen. Das Fadenende vernähen.

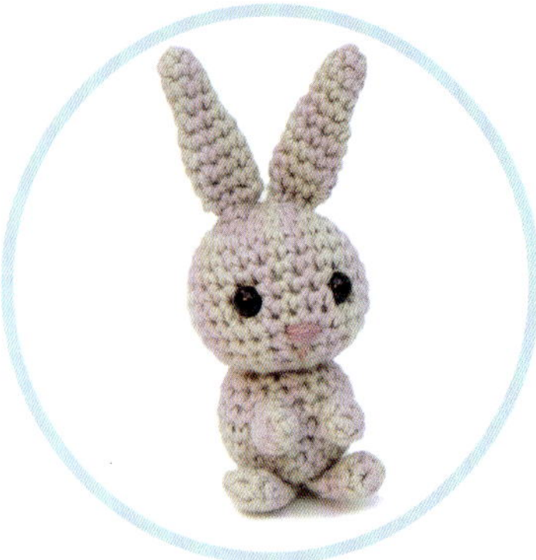

HASE

Hinweis: Wenn nicht anders angegeben, mit hellbraunem Garn häkeln.

KÖRPER

1. Runde: 6 fM in einen Fadenring (6 M).
2. Runde: 2 fM in jede M (12 M).
3. Runde: *2 fM in die nächste M, 1 fM* 6x(18 M).
4.–8. Runde: 1 fM in jede M (18 M).
9. Runde: *2 fM zus, 1 fM* 6x(12 M).
Mit Füllmaterial ausstopfen.
Arbeit beenden, dabei den Faden lang genug stehen lassen, um damit den Kopf anzunähen.

KOPF

1. Runde: 6 fM in einen Fadenring (6 M).
2. Runde: 2 fM in jede M (12 M).
3. Runde: *2 fM in die nächste M, 1 fM* 6x(18 M).
4. Runde: *2 fM in die nächste M, 2 fM* 6x (24 M).
5. und 6. Runde: 1 fM in jede M (24 M).
7. Runde: *2 fM in die nächste M, 3 fM* 6x(30 M).
8. und 9. Runde: 1 fM in jede M (30 M).
10. Runde: *2 fM zus, 3 fM* 6x(24 M).
11. Runde: *2 fM zus, 2 fM* 6x(18 M).
12. Runde: *2 fM zus, 1 fM* 6x(12 M).
Die Sicherheitsaugen zwischen der 6. und 7. Runde mit 5 M Abstand einsetzen.
Mit Füllmaterial ausstopfen.
13. Runde: *2 fM zus* 6x(6 M).
Arbeit beenden und lose Fadenenden vernähen.
Mit rosa Garn eine Nase und einen Mund zwischen der 8. und 9. Runde aufsticken.
Den Kopf an den Körper nähen.

OHR (2x häkeln)

1. Runde: 4 fM in einen Fadenring (4 M).
2. Runde: *2 fM in die nächste M, 1 fM* 2x (6 M).
3.–5. Runde: 1 fM in jede M (6 M).
6. Runde: *2 fM in die nächste M, 2 fM* 2x(8 M).
7.–9. Runde: 1 fM in jede M (8 M).
10. Runde: *2 fM zus, 2 fM* 2x(6 M).
Die Ohren nicht ausstopfen. Arbeit beenden, dabei den Faden zum Annähen lang genug stehen lassen. Die Ohren flachdrücken und oben an den Kopf nähen.

FUSS (2x häkeln)

1. Runde: 6 fM in einen Fadenring (6 M).
2.–6. Runde: 1 fM in jede M (6 M).
Die Füße nicht ausstopfen. Arbeit beenden, dabei den Faden zum Annähen lang genug stehen lassen. Die Füße an die Unterseite des Körpers nähen.

ARM (2x häkeln)

1. Runde: 5 fM in einen Fadenring (5 M).
2. und 3. Runde: 1 fM in jede M (5 M).
Die Arme nicht ausstopfen. Arbeit beenden, dabei den Faden zum Annähen lang genug stehen lassen. Die Arme seitlich an den Körper nähen.

SCHWANZ
1. Runde: mit weißem Garn 5 fM in einen Fadenring (5 M).
2. Runde: 2 fM in jede M (10 M).
3.–5. Runde: 1 fM in jede M (10 M).
6. Runde: *2 fM zus* 5 x (5 M).
Arbeit beenden, dabei den Faden zum Annähen lang genug stehen lassen. Den Schwanz an den Körper nähen.

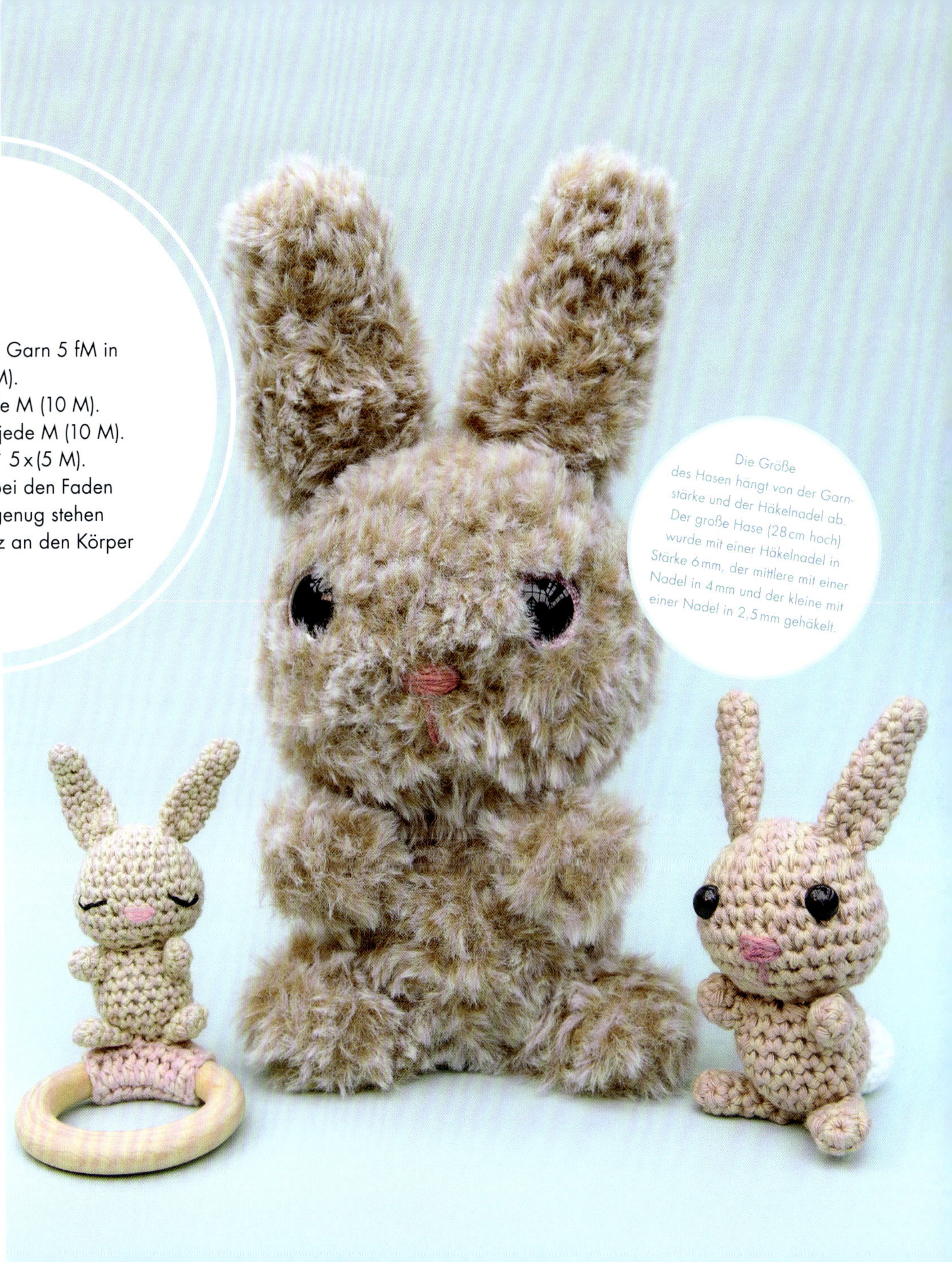

Die Größe des Hasen hängt von der Garnstärke und der Häkelnadel ab. Der große Hase (28 cm hoch) wurde mit einer Häkelnadel in Stärke 6 mm, der mittlere mit einer Nadel in 4 mm und der kleine mit einer Nadel in 2,5 mm gehäkelt.

HUND

Hinweis: Wenn nicht anders angegeben, mit beigem Garn häkeln.

KÖRPER

Den Körper nach der Anleitung für den Hasen auf Seite 12 häkeln.

KOPF

1. Runde: 6 fM in einen Fadenring (6 M).
2. Runde: 2 fM in jede M (12 M).
3.–5. Runde: 1 fM in jede M (12 M).
6. Runde: *2 fM in die nächste M, 1 fM* 6 x (18 M).
7. Runde: *2 fM in die nächste M, 2 fM* 6 x (24 M).
8. Runde: 1 fM in jede M (24 M).
9. Runde: *2 fM in die nächste M, 3 fM* 6 x (30 M).
10. und 11. Runde: 1 fM in jede M (30 M).
12. Runde: *2 fM zus, 3 fM* 6 x (24 M).
13. Runde: 1 fM in jede M (24 M).
14. Runde: *2 fM zus, 2 fM* 6 x (18 M).
15. Runde: *2 fM zus, 1 fM* 6 x (12 M).
Die Sicherheitsaugen zwischen der 6. und 7. Runde mit 6 M Abstand einsetzen.
Mit Füllmaterial ausstopfen.
16. Runde: *2 fM zus* 6 x (6 M).
Arbeit beenden und lose Fadenenden vernähen.
Mit schwarzem Garn eine Nase und einen Mund aufsticken. Dabei an den Augen orientieren und beides mittig aufsticken.
Den Kopf an den Körper nähen.

OHR (2 x häkeln)

1. Runde: 6 fM in einen Fadenring (6 M).
2. Runde: *2 fM in die nächste M, 2 fM* 2x (8 M).
3.–6. Runde: 1 fM in jede M (8 M).
Die Ohren nicht ausstopfen. Arbeit beenden, dabei den Faden zum Annähen lang genug stehen lassen. Die Ohren flachdrücken und seitlich an den Kopf nähen.

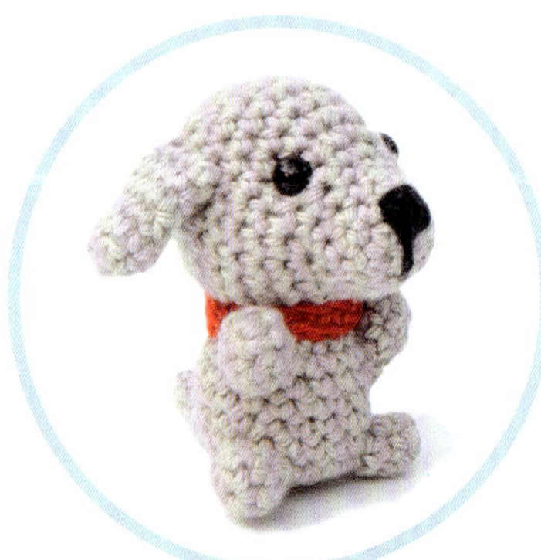

BEIN (4 x häkeln)

1. Runde: 6 fM in einen Fadenring (6 M).
2. und 3. Runde: 1 fM in jede M (6 M).
Die Beine nicht ausstopfen. Arbeit beenden, dabei den Faden zum Annähen lang genug stehen lassen. Die Beine an den Körper nähen.

SCHWANZ

1. Runde: 3 fM in einen Fadenring (3 M).
2. Runde: 2 fM in die nächste M, 2 fM (4 M).
3. Runde: 2 fM in die nächste M, 3 fM (5 M).
4. Runde: 2 fM in die nächste M, 4 fM (6 M).
5. Runde: 6 fM (6M).
Den Schwanz nicht ausstopfen. Arbeit beenden, dabei den Faden zum Annähen lang genug stehen lassen. Den Schwanz hinten an den Körper nähen.

HALSBAND

Mit rotem Garn 16 Lm häkeln, dann ab der 2. Lm von der Nadel weiterarbeiten.
1. Runde: 1 fM in jede Lm (15 M).
Arbeit beenden, dabei den Faden zum Annähen lang genug stehen lassen. Das Halsband um den Hals des Hundes legen und dann die Enden zusammennähen.

KATZE

Hinweis: Wenn nicht anders angegeben, mit schwarzem Garn häkeln.

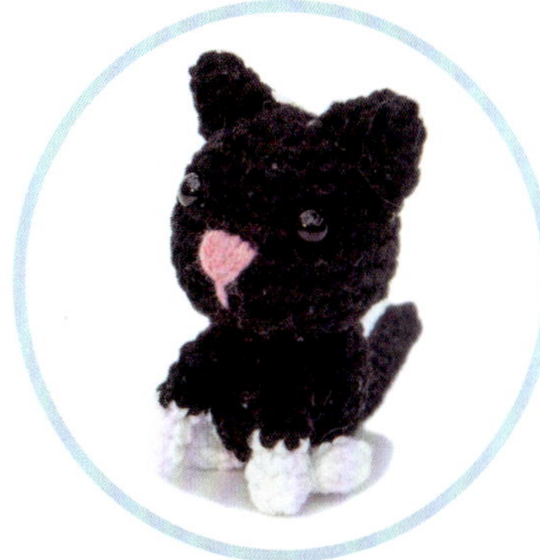

KÖRPER
Den Körper nach der Anleitung für den Hasen auf Seite 12 häkeln.

KOPF
1. Runde: 6 fM in einen Fadenring (6 M).
2. Runde: 2 fM in jede M (12 M).
3. Runde: *2 fM in die nächste M, 1 fM* 6 x (18 M).
4. Runde: *2 fM in die nächste M, 2 fM* 6 x (24 M).
5. und 6. Runde: 1 fM in jede M (24 M).
7. Runde: 9 fM, *2 fM in die nächste M* 6 x, 9 fM (30 M).
8. und 9. Runde: 1 fM in jede M (30 M).
10. Runde: *2 fM zus, 3 fM* 6 x (24 M).
11. Runde: *2 fM zus, 2 fM* 6 x (18 M).
12. Runde: *2 fM zus, 1 fM* 6 x (12 M).
Die Sicherheitsaugen zwischen der 6. und 7. Runde mit 5 M Abstand einsetzen und mittig zwischen den Zunahmen der 7. Runde platzieren. Mit Füllmaterial ausstopfen.
13. Runde: *2 fM zus* 6 x (6 M).
Arbeit beenden und lose Fadenenden vernähen. Mit rosa Garn zwischen der 8. und 9. Runde eine Nase und einen Mund aufsticken. Den Kopf an den Körper nähen.

OHR (2 x häkeln)
1. Runde: 4 fM in einen Fadenring (4 M).
2. Runde: *2 fM in die nächste M, 1 fM* 2 x (6 M).
3. Runde: *2 fM in die nächste M, 2 fM* 2x (8 M).
4. Runde: *2 fM in die nächste M, 3 fM* 2x (10 M).
Arbeit beenden, dabei den Faden zum Annähen lang genug stehen lassen. Die Ohren nicht ausstopfen, flachdrücken und oben an den Kopf nähen.

FUSS (2 x häkeln)
1. Runde: mit weißem Garn 6 fM in einen Fadenring (6 M).
2. und 3. Runde: 1 fM in jede M (6 M).
Arbeit beenden, dabei den Faden zum Annähen lang genug stehen lassen. Die Füße nicht ausstopfen und an die Unterseite des Körpers nähen.

VORDERBEIN (2 x häkeln)
1. Runde: mit weißem Garn 5 fM in einen Fadenring (5 M).
2. und 3. Runde: 1 fM in jede M (5 M).
4.–6. Runde: mit schwarzem Garn 1 fM in jede M (5 M).
Arbeit beenden, dabei den Faden zum Annähen lang genug stehen lassen. Die Vorderbeine nicht ausstopfen und vorne an den Körper nähen.

SCHWANZ
1. Runde: 5 fM in einen Fadenring (5 M).
2.–12. Runde: 1 fM in jede M (5 M).
Arbeit beenden, dabei den Faden zum Annähen lang genug stehen lassen. Den Schwanz nicht ausstopfen und hinten an den Körper nähen.

SCHWEIN

Hinweis: Wenn nicht anders angegeben, mit rosa Garn häkeln.

KÖRPER

Den Körper nach der Anleitung für den Hasen auf Seite 12 häkeln.

KOPF

1. Runde: 5 fM in einen Fadenring (5 M).
2. Runde: 2 fM in jede M (10 M).
3. Runde (hMg): 1 fM in jede M (10 M).
4. Runde: *2 fM in die nächste M, 4 fM* 2x (12 M).
5. Runde: *2 fM in die nächste M, 3 fM* 3x (15 M).
6. Runde: *2 fM in die nächste M, 4 fM* 3x (18 M).

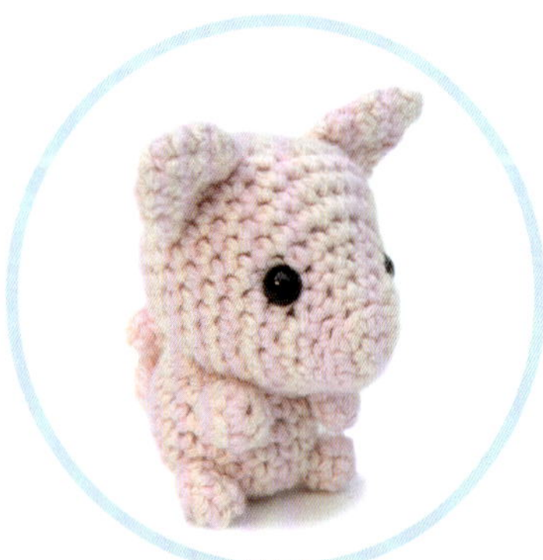

7. Runde: *2 fM in die nächste M, 2 fM* 6x (24 M).
8. Runde: 9 fM, *2 fM in die nächste M* 6x, 9 fM (30 M).
9.–12. Runde: 1 fM in jede M (30 M).
13. Runde: *2 fM zus, 3 fM* 6x (24 M).
14. Runde: 1 fM in jede M (24 M).
15. Runde: *2 fM zus, 2 fM* 6x (18 M).
16. Runde: *2 fM zus, 1 fM* 6x (12 M).
Die Sicherheitsaugen zwischen der 6. und 7. Runde mit 5 M Abstand einsetzen und mittig zwischen den Zunahmen der 8. Runde platzieren. Mit Füllmaterial ausstopfen.
17. Runde: *2 fM zus* 6x (6 M).
Arbeit beenden und lose Fadenenden vernähen. Den Kopf an den Körper nähen.

OHR (2x häkeln)

1. Runde: 4 fM in einen Fadenring (4 M).
2. Runde: *2 fM in die nächste M, 1 fM* 2x (6 M).
3. Runde: *2 fM in die nächste M, 2 fM* 2x (8 M).
4. Runde: *2 fM in die nächste M, 3 fM* 2x (10 M).
5. Runde: *2 fM in die nächste M, 4 fM* 2x (12 M).
6. Runde: *2 fM zus, 1 fM* 4x (8 M).

Arbeit beenden, dabei den Faden zum Annähen lang genug stehen lassen. Die Ohren nicht ausstopfen, flachdrücken und oben an den Kopf nähen.

BEIN (4x häkeln)

1. Runde: 6 fM in einen Fadenring (6 M).
2. und 3. Runde: 1 fM in jede M (6 M).
Arbeit beenden, dabei den Faden zum Annähen lang genug stehen lassen. Die Beine nicht ausstopfen und an den Körper nähen.

SCHWANZ

8 Lm häkeln und von der zweiten Lm auf der Nadel weiterarbeiten.
1. Reihe: 2 fM in jede Lm (14 M).
Arbeit beenden, dabei den Faden zum Annähen lang genug stehen lassen. Den Schwanz hinten an den Körper nähen.

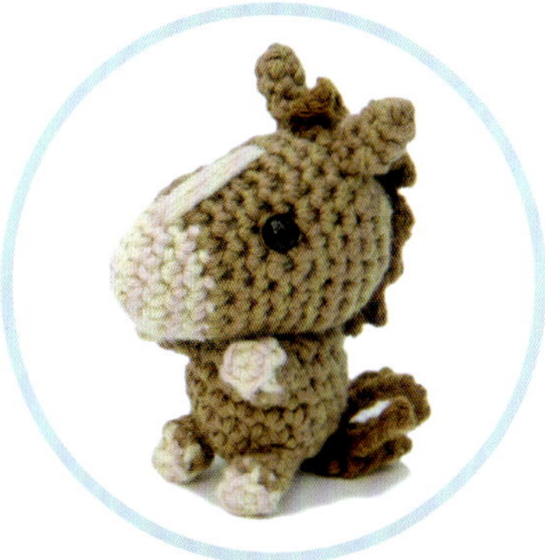

PFERD

KÖRPER

Den Körper nach der Anleitung für den Hasen auf Seite 12 mit braunem Garn häkeln.

KOPF

1. Runde: mit beigem Garn 6 fM in einen Fadenring (6 M).
2. Runde: 2 fM in jede M (12 M).
3. Runde: 1 fM in jede M (12 M).
4. Runde: *2 fM in die nächste M, 5 fM* 2 x (14 M).
5. Runde: 1 fM in jede M (14 M).
Zum Aufsticken der Blesse auf dem Gesicht den beigen Faden stehen lassen.
6. Runde: mit braunem Garn *2 fM in die nächste M, 6 fM* 2 x (16 M).
7. und 8. Runde: 1 fM in jede M (16 M).
9. Runde: *2 fM in die nächste M, 7 fM* 2 x (18 M).
10. Runde: 1 fM in jede M (18 M).
11. Runde: *2 fM in die nächste M, 2 fM* 6 x (24 M).
12. und 13. Runde: 1 fM in jede M (24 M).
14. Runde: *2 fM zus, 2 fM* 6 x (18 M).
15. Runde: 1 fM in jede M (18 M).
16. Runde: *2 fM zus, 1 fM* 6 x (12 M).
Die Sicherheitsaugen zwischen der 8. und 9. Runde mit 5 M Abstand einsetzen.
Mit Füllmaterial ausstopfen.
17. Runde: *2 fM zus* 6 x (6 M).
Arbeit beenden und lose Fadenenden vernähen. Das beige Fadenende in eine Nadel fädeln und oben auf den Kopf zwischen der 5. und 11. Runde mit 5 langen Stichen eine Blesse aufsticken. Das lose Fadenende vernähen, den Kopf an den Körper nähen.

OHR (2 x häkeln)

1. Runde: mit braunem Garn 4 fM in einen Fadenring (4 M).
2. Runde: 2 fM in die nächste M, 3 fM (5 M).
3. Runde: 2 fM in die nächste M, 4 fM (6 M).
4. Runde: *2 fM zus, 1 fM* 2 x (4 M).
Arbeit beenden, dabei den Faden zum Annähen lang genug stehen lassen. Die Ohren nicht ausstopfen, flachdrücken und oben auf die 13. Runde an den Kopf nähen.

BEIN (4 x häkeln)

1. Runde: mit beigem Garn 5 fM in einen Fadenring (5 M).
2. Runde (hMg): mit braunem Garn 1 fM in jede M (5 M).
3. Runde: 1 fM in jede M (5 M).
Arbeit beenden, dabei den Faden zum Annähen lang genug stehen lassen. Die Beine nicht ausstopfen und an den Körper nähen.

MÄHNE

Mit dunkelbraunem Garn die Mähne oben vom Kopf knapp vor den Ohren nach unten über die Runden des rückwärtigen Kopfes bis zur Stelle, wo der Körper befestigt ist, wie folgt arbeiten:
6 Lm und 1 Km in die M der nächsten Runde. So fortfahren und bis zum Nacken acht Schlaufen arbeiten. Arbeit beenden und die losen Fadenenden vernähen.

SCHWANZ

Mit dunkelbraunem Garn 16 Lm häkeln und 1 Km in die erste M arbeiten, die M zu einem Ring schließen. Auf diese Weise drei Schlaufen anfertigen. Mit 1 Lm enden. Arbeit beenden, dabei den Faden zum Annähen lang genug stehen lassen. Den Schwanz hinten an den Körper des Pferdes nähen.

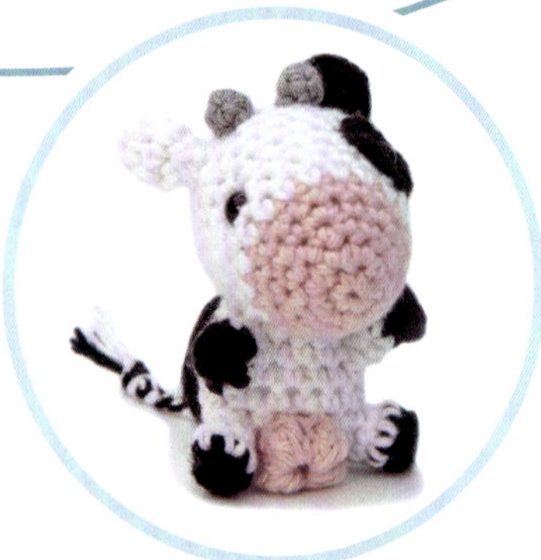

KUH

KÖRPER
Den Körper nach der Anleitung für den Hasen auf Seite 12 mit weißem Garn häkeln.

AUGENFLECK
1. Runde: mit schwarzem Garn 6 fM in einen Fadenring (6 M).
2. Runde: 2 fM in die nächste M, 1 fM, 2 fM in die nächste M. Die Runde hier beenden, Arbeit beenden und den Faden zum Aufnähen lang genug stehen lassen.

KOPF
1. Runde: mit rosa Garn 6 fM in einen Fadenring (6 M).
2. Runde: 2 fM in jede M (12 M).
3. Runde: 1 fM in jede M (12 M).
4. Runde: *2 fM in die nächste M, 1 fM* 6x(18 M).
5. Runde: 1 fM in jede M (18 M).
6.–8. Runde: mit weißem Garn 1 fM in jede M (18 M).
9. Runde: *2 fM in die nächste M, 2 fM* 6x(24 M).
10.–12. Runde: 1 fM in jede M (24 M).
13. Runde: *2 fM zus, 2 fM* 6x(18 M).
14. Runde: 1 fM in jede M (18 M).
15. Runde: *2 fM zus, 1 fM* 6x(12 M).
Das rechte Sicherheitsauge in den Augenflecken setzen. Auch das andere Auge einsetzen. Die Augen zwischen die 8. und 9. Runde mit 5 M Abstand platzieren.
Mit Füllmaterial ausstopfen.
16. Runde: *2 fM zus* 6x(6 M).
Arbeit beenden und lose Fadenenden vernähen. Den Augenflecken des rechten Auges auf das Gesicht nähen. Den Kopf an den Körper nähen.

OHR (2x häkeln)
Ein Ohr mit weißem und das andere mit schwarzem Garn häkeln.
1. Runde: 4 fM in einen Fadenring (4 M).
2. Runde: *2 fM in die nächste M, 1 fM* 2x (6 M).
3. Runde: 1 fM in jede M (6 M).
4. Runde: *2 fM zus, 1 fM* 2x(4 M).
Arbeit beenden, dabei den Faden zum Annähen lang genug stehen lassen. Die Ohren nicht ausstopfen, flachdrücken und oben seitlich an den Kopf nähen.

FLECK
1. Runde: mit schwarzem Garn 6 fM in einen Fadenring (6 M).
2. Runde: 2 fM in jede M (12 M).
3. Runde: 2 fM in die nächsten 3 M.
Die Runde hier beenden, Arbeit beenden und den Faden zum Aufnähen lang genug stehen lassen. Den Flecken auf den Rücken nähen, bevor Beine und Schwanz angenäht werden.

BEIN (4x häkeln)
1. Runde: mit schwarzem Garn 6 fM in einen Fadenring (6 M).
2. Runde (hMg): mit weißem Garn 1 fM in jede M (6 M).
3. Runde: 1 fM in jede M (6 M).
Arbeit beenden, dabei den Faden zum Annähen lang genug stehen lassen.

Die Beine nicht ausstopfen und an den Körper nähen.

SCHWANZ
Drei 20 cm lange Fäden abschneiden, einen schwarzen und zwei weiße. Diese mithilfe der Häkelnadel durch eine Masche am Hinterteil ziehen, sodass die Fäden gleich lang herunterhängen. Den Schwanz auf die gewünschte Länge flechten und am Ende verknoten.

HORN (2 x häkeln)
1. Runde: mit grauem Garn 3 fM in einen Fadenring (3 M).
2. Runde: 2 fM in die nächste M, 2 fM (4 M).
Arbeit beenden, dabei den Faden zum Annähen lang genug stehen lassen. Die Hörner nicht ausstopfen und oben an den Kopf nähen.

EUTER
Hinweis: Zur Popcorn-Masche siehe die Anleitung auf Seite 11.
1. Runde: mit rosa Garn 1 Schlaufe machen, 1 Lm häkeln, dann *1 Popcorn-M, 1 fM* 4x in die Lm (8 M).
Das Fadenende festziehen.
Arbeit beenden, dabei den Faden zum Annähen lang genug stehen lassen. Den Euter unten auf den Bauch der Kuh nähen.

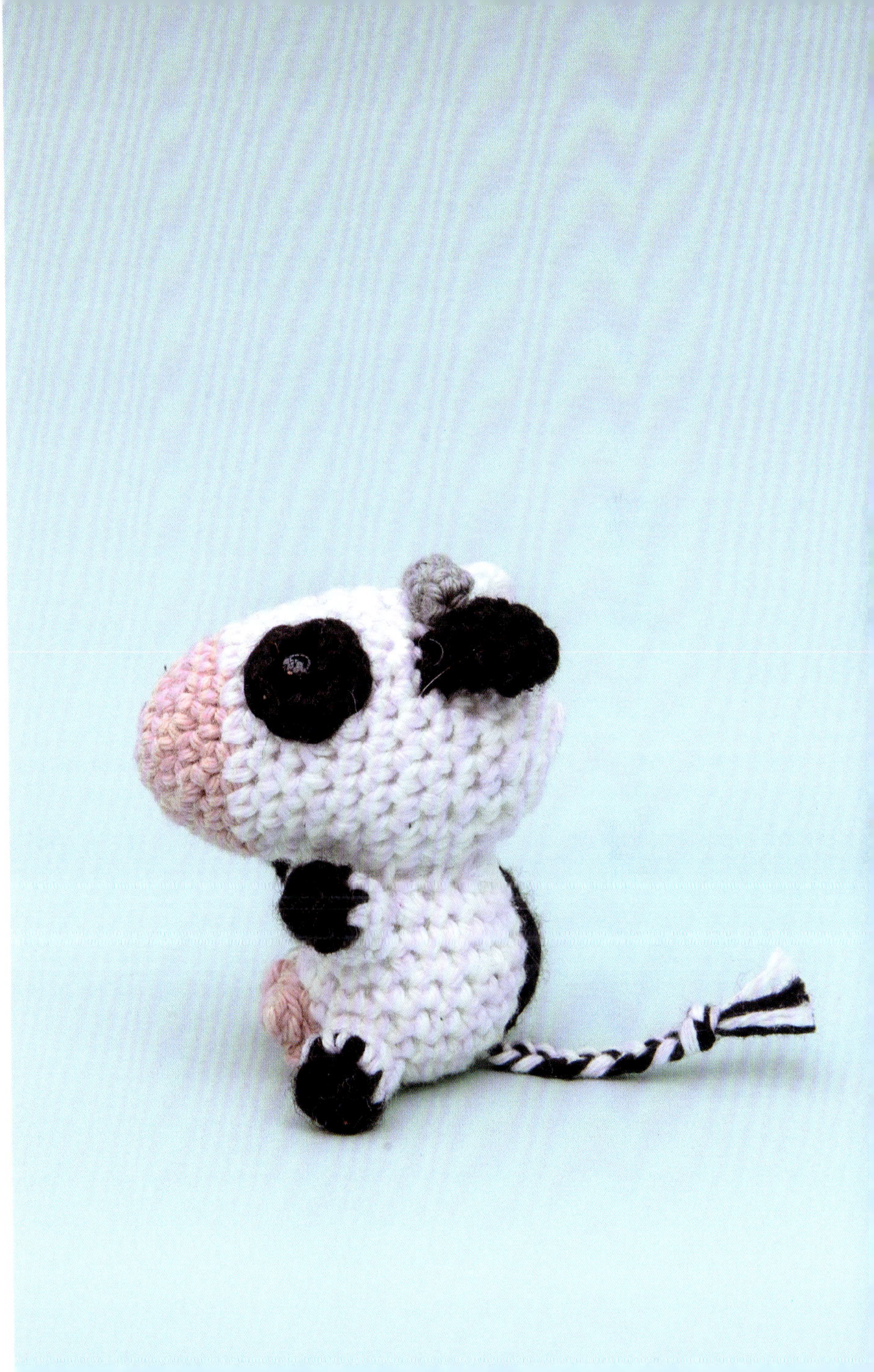

MINI-AMIGURUMIS

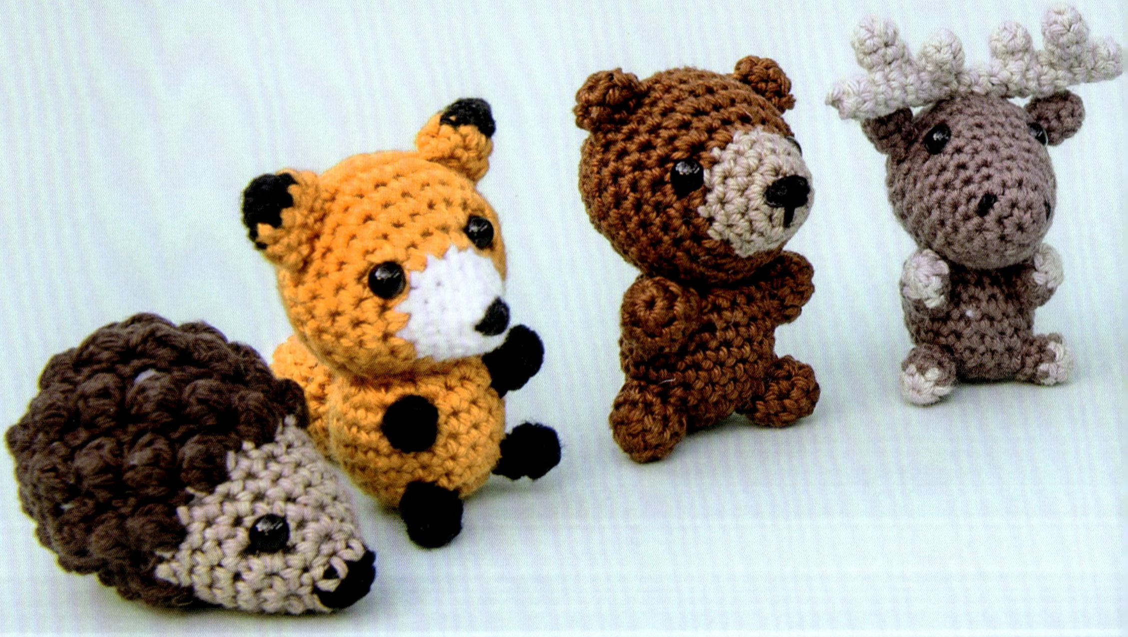

NIEDLICHE HÄKELTIERCHEN

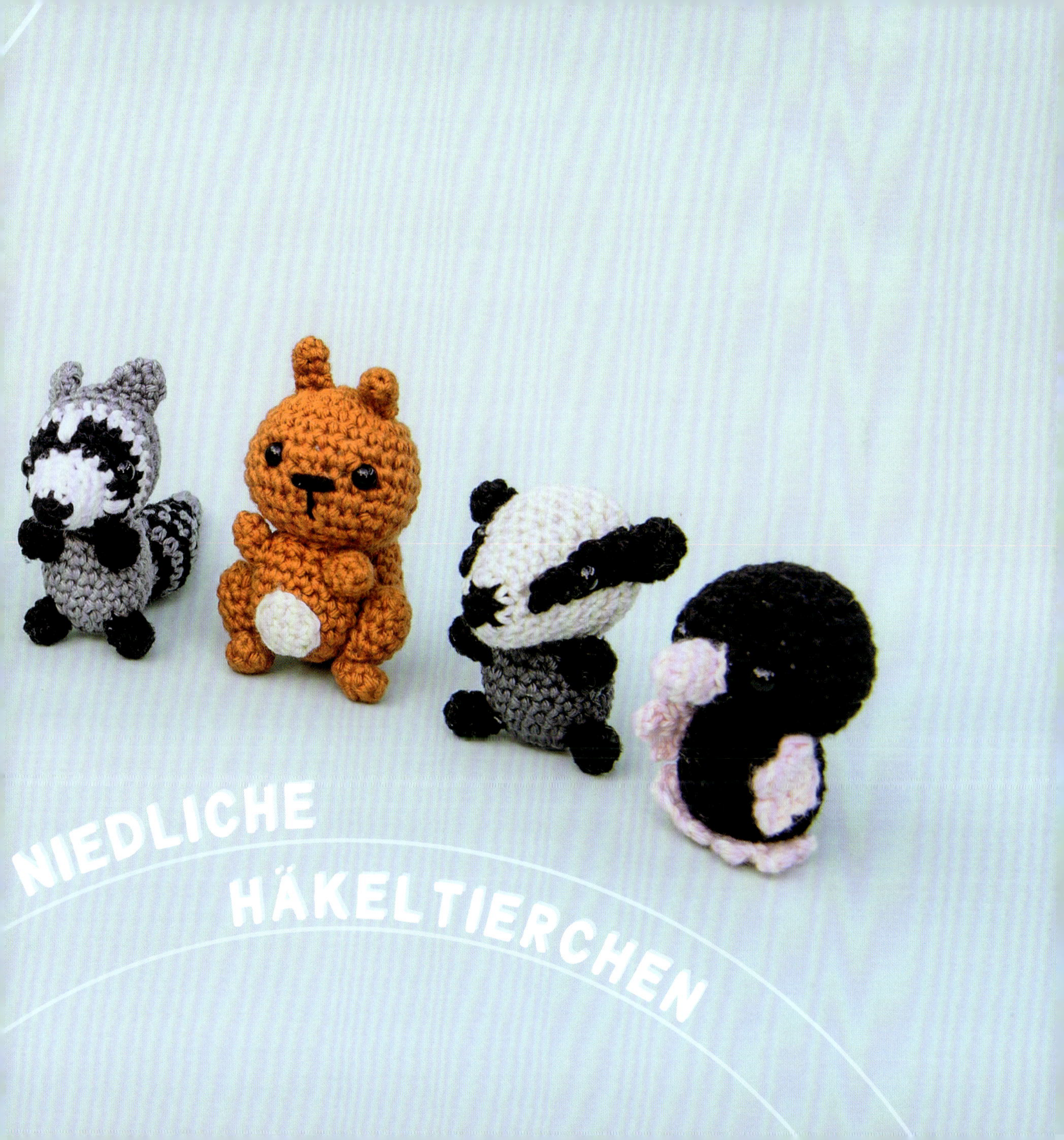

ELCH

Hinweis: Wenn nicht anders angegeben, mit braunem Garn häkeln.

KÖRPER
Den Körper nach der Anleitung für den Hasen auf Seite 12 häkeln.

KOPF
1. Runde: 6 fM in einen Fadenring (6 M).
2. Runde: 2 fM in jede M (12 M).
3. und 4. Runde: 1 fM in jede M (12 M).
5. Runde: *2 fM in die nächste M, 1 fM* 6 x (18)
6.–8. Runde: 1 fM in jede M (18 M).
9. Runde: *2 fM in die nächste M, 2 fM* 6 x (24 M).

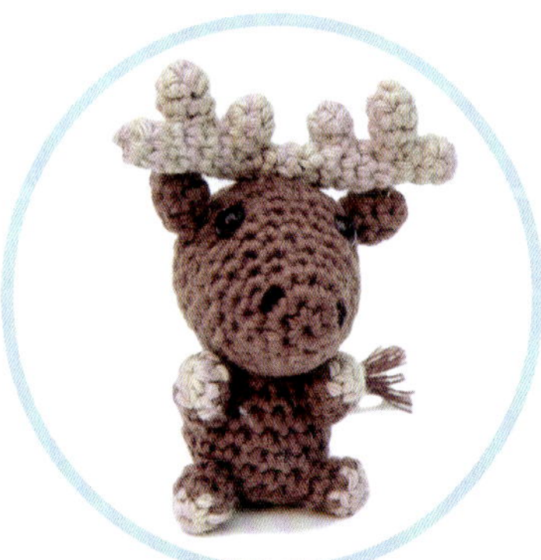

10.–12. Runde: 1 fM in jede M (24 M).
13. Runde: *2 fM zus, 2 fM* 6 x (18 M).
14. Runde: *2 fM zus, 1 fM* 6 x (12 M).
Die Sicherheitsaugen zwischen der 7. und 8. Runde mit 5 M Abstand einsetzen.
Mit Füllmaterial ausstopfen.
15. Runde: *2 fM zus* 6 x (6 M).
Arbeit beenden und lose Fadenenden vernähen. Mit schwarzem Garn die Nüstern zwischen der 2. und 3. Runde aufsticken. Den Kopf an den Körper nähen.

OHR (2 x häkeln)
1. Runde: 4 fM in einen Fadenring (4 M).
2. Runde: *2 fM in die nächste M, 1 fM* 2 x (6 M).
3. Runde: 1 fM in jede M (6 M).
4. Runde: *2 fM zus, 1 fM* 2 x (4 M).
Arbeit beenden, dabei den Faden zum Annähen lang genug stehen lassen. Die Ohren nicht ausstopfen, flachdrücken und seitlich an den Kopf nähen.

BEIN (4 x häkeln)
1. Runde: mit beigem Garn 6 fM in einen Fadenring (6 M).
2. Runde (hMg): mit braunem Garn 1 fM in jede M (6 M).
3. Runde: 1 fM in jede M (6 M).
Arbeit beenden, dabei den Faden zum Annähen lang genug stehen lassen. Die Beine nicht ausstopfen und an den Körper nähen.

SCHWANZ
Drei 20 cm lange Fäden vom braunem Garn abschneiden. Diese mithilfe der Häkelnadel durch eine Masche am Hinterteil ziehen, sodass die Fäden gleich lang herunterhängen. Den Schwanz auf die gewünschte Länge flechten und am Ende verknoten.

GEWEIH, 1. Teil
1. Runde: mit beigem Garn 6 fM in einen Fadenring (6 M).
2.–18. Runde: 1 fM in jede M (6 M).
Arbeit beenden und das Geweih nicht ausstopfen. Lose Fadenenden vernähen.

GEWEIH, 2. Teil (2 x häkeln)
1. Runde: mit beigem Garn 6 fM in einen Fadenring (6 M).
2. und 3. Runde: 1 fM in jede M (6 M).
Arbeit beenden, dabei den Faden zum Annähen lang genug stehen lassen. Das Geweih nicht ausstopfen.

GEWEIH, 3. Teil
1. Runde: mit beigem Garn 6 fM in einen Fadenring (6 M).
2. Runde: 1 fM in jede M (6 M).
Arbeit beenden, dabei den Faden zum Annähen lang genug stehen lassen. Das Geweih nicht ausstopfen. Die Geweih-Teile wie auf der Zeichnung unten gezeigt zusammennähen. Die Teile 2 und 3 an das Teil 1 nähen. Das fertige Geweih oben auf den Kopf des Elches nähen.

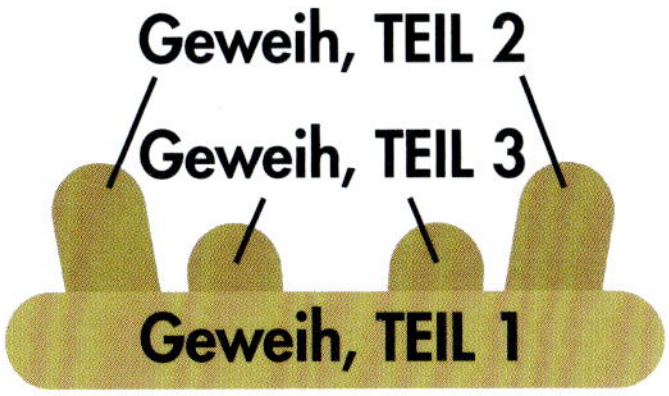

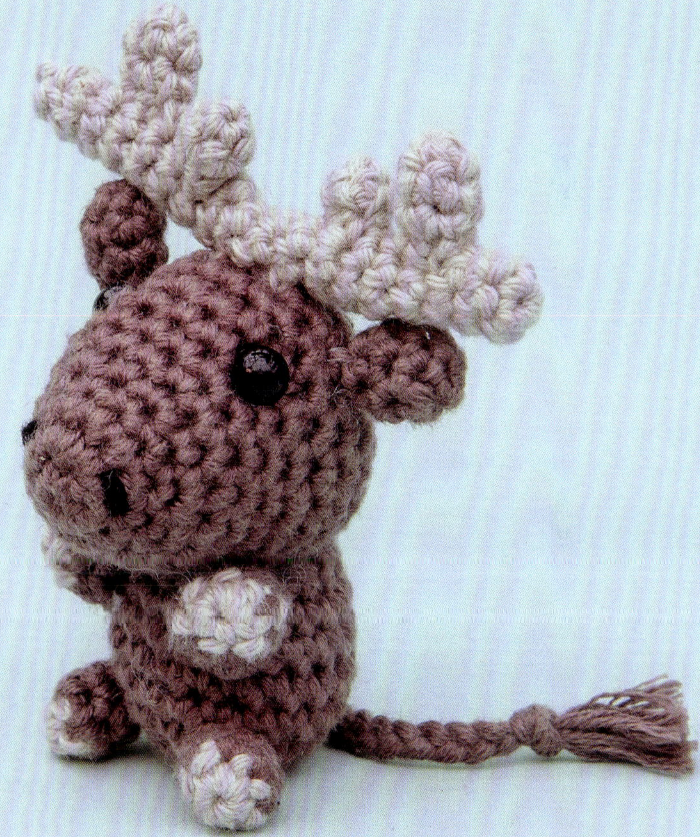

WASCHBÄR

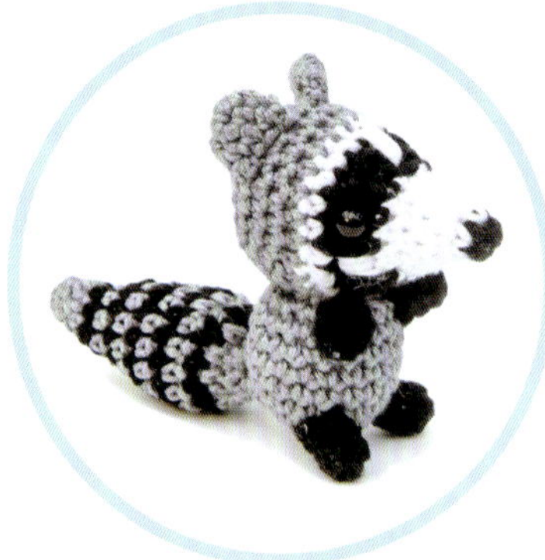

KÖRPER

Den Körper nach der Anleitung für den Hasen auf Seite 12 mit grauem Garn häkeln.

KOPF

1. Runde: mit schwarzem Garn 5 fM in einen Fadenring (5 M).
2. Runde: mit weißem Garn 2 fM in die nächste M, 4 fM (6 M).
3. Runde: *2 fM in die nächste M, 2 fM* 2x (8 M).
4. Runde: 2 fM in die nächste M, 7 fM (9 M).
5. Runde: 2 fM in die nächste M, 8 fM (10 M).
6. Runde: *2 fM in die nächste M, 4 fM* 2 x (12 M).
7. Runde: mit schwarzem Garn *2 fM in die nächste M, 3 fM* 3 x (15 M).
8. Runde: *2 fM in die nächste M, 4 fM* 3 x (18 M).
9. Runde: *2 fM in die nächste M, 5 fM* 3 x (21 M).
10. Runde: mit weißem Garn, *2 fM in die nächste M, 6 fM* 3 x (24 M).
Mit den Enden des weißen Garns die Streifen zwischen den Augen und auf den Wangen sticken.
11.–13. Runde: mit grauem Garn 1 fM in jede M (24 M).
14. Runde: *2 fM zus, 2 fM* 6 x (18 M).
15. Runde: *2 fM zus, 1 fM* 6 x (12 M).
Die Sicherheitsaugen zwischen der 8. und 9. Runde mit 7 M Abstand einsetzen.
Mit Füllmaterial ausstopfen.
16. Runde: *2 fM zus* 6 x (6 M).
Arbeit beenden und lose Fadenenden vernähen. Den Kopf an den Körper nähen.

OHR (2 x häkeln)

1. Runde: mit grauem Garn 4 fM in einen Fadenring (4 M).
2. Runde: *2 fM in die nächste M, 1 fM* 2 x (6 M).
3. Runde: *2 fM in die nächste M, 2 fM* 2 x (8 M).
Arbeit beenden, dabei den Faden zum Annähen lang genug stehen lassen. Die Ohren nicht ausstopfen, flachdrücken und oben auf den Kopf nähen.

BEIN (4 x häkeln)

1. Runde: mit schwarzem Garn 6 fM in einen Fadenring (6 M).
2. und 3. Runde: 1 fM in jede M (6 M).
Arbeit beenden, dabei den Faden zum Annähen lang genug stehen lassen. Die Beine nicht ausstopfen und an den Körper nähen.

SCHWANZ

1. Runde: mit grauem Garn 5 fM in einen Fadenring (5 M).
2. Runde: 2 fM in die nächste M, 4 fM (6 M).
3. Runde: 2 fM in die nächste M, 5 fM (7 M).
4. Runde: mit schwarzem Garn 2 fM in die nächste M, 6 fM (8 M).
5. Runde: mit grauem Garn 2 fM in die nächste M, 7 fM (9 M).
6. Runde: mit schwarzem Garn 2 fM in die nächste M, 8 fM (10 M).
7. Runde: mit grauem Garn *2 fM in die nächste M, 4 fM* 2 x (12 M).
8. Runde: mit schwarzem Garn *2 fM in die nächste M, 3 fM* 3 x (15 M).
9. Runde: mit grauem Garn 1 fM in jede M (15 M).
10. Runde: mit schwarzem Garn 1 fM in jede M (15 M).
11. Runde: mit grauem Garn 1 fM in jede M (15 M).
12. Runde: mit schwarzem Garn *2 fM zus, 3 fM* 3 x (12 M).

13. Runde: mit grauem Garn, *2 fM zus, 2 fM* 3 x (9 M).
14. Runde: *2 fM zus, 1 fM* 3 x (6 M).
Arbeit beenden, dabei den Faden zum Annähen lang genug stehen lassen. Den Schwanz hinten an den Körper nähen.

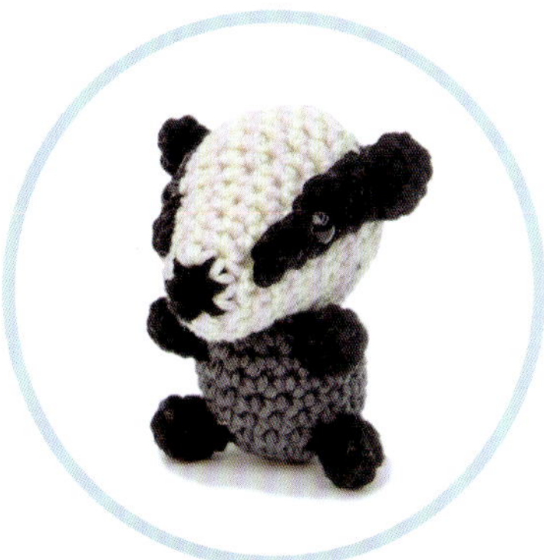

DACHS

KÖRPER

Den Körper nach der Anleitung für den Hasen auf Seite 12 mit dunkelgrauem Garn häkeln.

AUGENSTREIFEN (2 x häkeln)

Mit schwarzem Garn 10 Lm häkeln und von der zweiten Lm auf der Nadel weiterarbeiten.
1. Reihe: 1 Km; 3 fM, 2 hStb, 2 Stb, 1 fM.
Arbeit beenden, dabei den Faden zum Annähen lang genug stehen lassen.

KOPF

1. Runde: mit schwarzem Garn 6 fM in einen Fadenring (6 M).
2. Runde: mit weißem Garn *2 fM in die nächste M, 2 fM* 2 x (8 M).
3. Runde: *2 fM in die nächste M, 3 fM* 2 x (10 M).
4. Runde: *2 fM in die nächste M, 4 fM* 2 x (12 M).
5. Runde: *2 fM in die nächste M, 5 fM* 2 x (14 M).
6. Runde: 1 fM in jede M (14 M).
7. Runde: *2 fM in die nächste M, 6 fM* 2 x (16 M).
8. Runde: *2 fM in die nächste M, 7 fM* 2 x (18 M).
9. Runde: 1 fM in jede M (18 M).
10. Runde: *2 fM in die nächste M, 2 fM* 6 x (24 M).
11. Runde: 1 fM in jede M (24 M).
12. Runde: *2 fM zus, 2 fM* 6 x (18 M).
13. Runde: *2 fM zus, 1 fM* 6 x (12 M).
Die Sicherheitsaugen zwischen der 3. und 4. M der Augenstreifen und zwischen der 7. und 8. Runde mit 6 M Abstand im Kopf einsetzen. Die spitzen Enden der Augenstreifen sollten nach unten zur Schnauze zeigen. Mit Füllmaterial ausstopfen.
14. Runde: *2 fM zus* 6 x (6 M).
Arbeit beenden und lose Fadenenden vernähen. Die Augenstreifen an den Rändern auf den Kopf und diesen an den Körper nähen.

OHR (2 x häkeln)

1. Runde: mit schwarzem Garn 6 fM in einen Fadenring (6 M).
2. Runde: 1 fM in jede M (6 M).
Arbeit beenden, dabei den Faden zum Annähen lang genug stehen lassen. Die Ohren nicht ausstopfen, flachdrücken und oben auf den schwarzen Streifen am Kopf nähen.

BEIN (4 x häkeln)

1. Runde: mit schwarzem Garn 6 fM in einen Fadenring (6 M).
2. und 3. Runde: 1 fM in jede M (6 M).
Arbeit beenden, dabei den Faden zum Annähen lang genug stehen lassen. Die Beine nicht ausstopfen und an den Körper nähen.

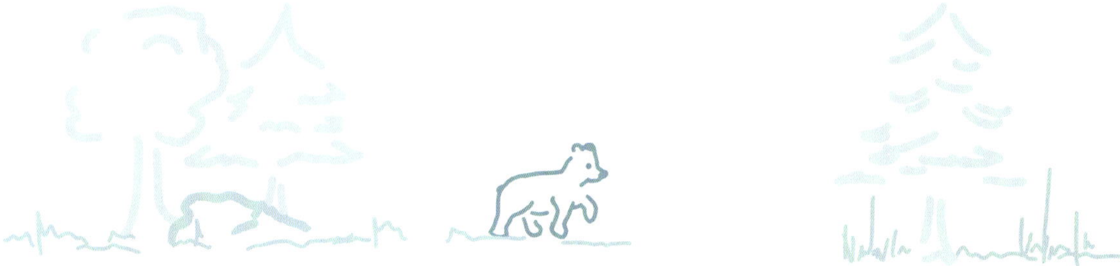

BÄR

KÖRPER
Den Körper nach der Anleitung für den Hasen auf Seite 12 mit braunem Garn häkeln.

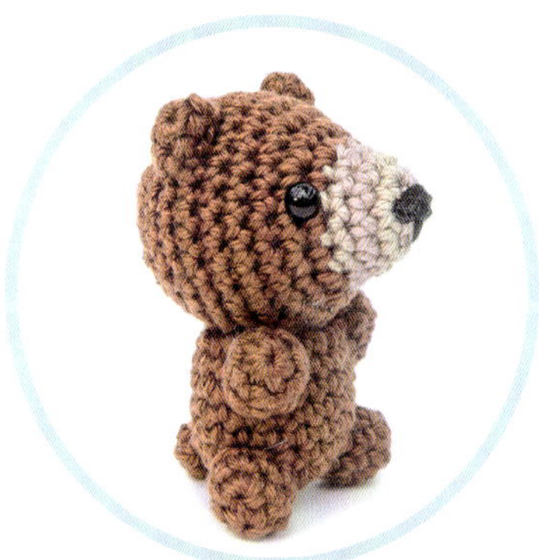

KOPF
1. Runde: mit beigem Garn 6 fM in einen Fadenring (6 M).
2. Runde: 2 fM in jede M (12 M).
3. und 4. Runde: 1 fM in jede M (12 M).
5. Runde: mit braunem Garn *2 fM in die nächste M, 1 fM* 6x(18 M).
6. Runde: *2 fM in die nächste M, 2 fM* 6x(24 M).
7. Runde: *2 fM in die nächste M, 3 fM* 6x(30 M).
8–10. Runde: 1 fM in jede M (30 M).
11. Runde: *2 fM zus, 3 fM* 6x(24 M).
12. Runde: 1 fM in jede M (24 M).
13. Runde: *2 fM zus, 2 fM* 6x(18 M).
14. Runde: *2 fM zus, 1 fM* 6x(12 M).
Die Sicherheitsaugen zwischen der 5. und 6. Runde mit 6 M Abstand einsetzen.
Mit Füllmaterial ausstopfen.
15. Runde: *2 fM zus* 6x(6 M).
Arbeit beenden und lose Fadenenden vernähen.
Mit schwarzem Garn die Nase und das Maul auf die äußeren Kanten der 1. und 2. Runde aufsticken. Den Kopf an den Körper nähen.

OHR (2x häkeln) UND SCHWANZ
1. Runde: mit braunem Garn 6 fM in einen Fadenring (6 M).
2. Runde: 1 fM in jede M (6 M).
Arbeit beenden, dabei den Faden zum Annähen lang genug stehen lassen. Diese Teile nicht ausstopfen. Die Ohren flachdrücken und an den Kopf nähen. Den Schwanz hinten an den Körper nähen.

BEIN (4x häkeln)
1. Runde: mit braunem Garn 6 fM in einen Fadenring (6 M).
2. Runde: *2 fM in die nächste M, 2 fM* 2x(8 M).
3. Runde: 1 fM in jede M (8 M).
Arbeit beenden, dabei den Faden zum Annähen lang genug stehen lassen. Die Beine etwas ausstopfen und an den Körper des Bären nähen.

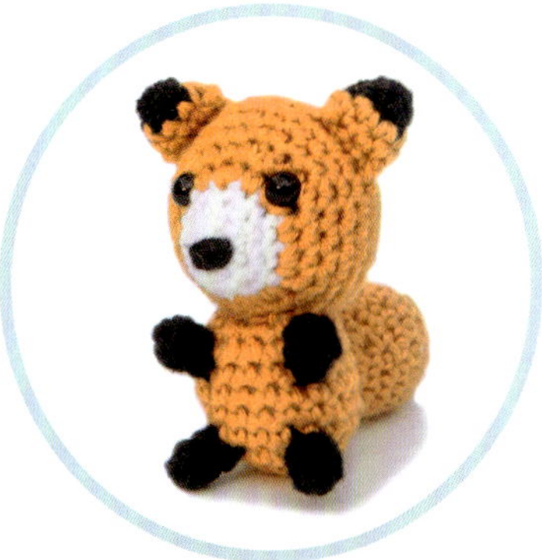

FUCHS

KÖRPER

Den Körper nach der Anleitung für den Hasen auf Seite 12 mit orangem Garn häkeln.

KOPF

1. Runde: mit weißem Garn 4 fM in einen Fadenring (4 M).
2. Runde: *2 fM in die nächste M, 1 fM* 2 x (6 M).
3. Runde: *2 fM in die nächste M, 2 fM* 2 x (8 M).
4. Runde: *2 fM in die nächste M, 3 fM* 2 x (10 M).
5. Runde: *2 fM in die nächste M, 4 fM* 2 x (12 M).
6. Runde: mit orangem Garn *2 fM in die nächste M, 1 fM* 6 x (18 M).
7. Runde: *2 fM in die nächste M, 2 fM* 6 x (24 M).
8. Runde: 1 fM in jede M (24 M).
9. Runde: *2 fM in die nächste M, 3 fM* 6 x (30 M).
10 und 11. Runde: 1 fM in jede M (30 M).
12. Runde: *2 fM zus, 3 fM* 6 x (24 M).
13. Runde: 1 fM in jede M (24 M).
14. Runde: *2 fM zus, 2 fM* 6 x (18 M).
15. Runde: *2 fM zus, 1 fM* 6 x (12 M).
Die Sicherheitsaugen zwischen der 6. und 7. Runde mit 5 M Abstand einsetzen.
Mit Füllmaterial ausstopfen.
16. Runde: *2 fM zus* 6 x (6 M).
Arbeit beenden und lose Fadenenden vernähen.
Mit schwarzem Garn eine Nase über der 1. Runde aufsticken. Den Kopf fest an den Körper nähen.

OHR (2 x häkeln)

1. Runde: mit schwarzem Garn 4 fM in einen Fadenring (4 M).
2. Runde: *2 fM in die nächste M, 1 fM* 2 x (6 M).
3. Runde: mit orangem Garn *2 fM in die nächste M, 2 fM* 2 x (8 M).
4. Runde: 1 fM in jede M (8 M).
Arbeit beenden, dabei den Faden zum Annähen lang genug stehen lassen. Die Ohren nicht ausstopfen, flachdrücken und oben an den Kopf nähen.

BEIN (4 x häkeln)

1. Runde: mit schwarzem Garn 6 fM in einen Fadenring (6 M).
2. und 3. Runde: 1 fM in jede M (6 M).
Arbeit beenden, dabei den Faden zum Annähen lang genug stehen lassen. Die Beine nicht ausstopfen und an den Kopf nähen.

SCHWANZ

1. Runde: mit weißem Garn 4 fM in einen Fadenring (4 M).
2. Runde: *2 fM in die nächste M, 1 fM* 2 x (6 M).
3. Runde: *2 fM in die nächste M, 2 fM* 2 x (8 M).
4. Runde: *2 fM in die nächste M, 3 fM* 2 x (10 M).
5. Runde: *2 fM in die nächste M, 4 fM* 2 x (12 M).
6. Runde: mit orangem Garn *2 fM in die nächste M, 3 fM* 3 x (15 M).
7. und 8. Runde: 1 fM in jede M (15 M).
9. Runde: 2 fM zus, 13 fM (14 M).
10. Runde: *2 fM zus, 5 fM* 2 x (12 M).
Den Schwanz ausstopfen.
11. Runde: *2 fM zus, 4 fM* 2 x (10 M).
Arbeit beenden, dabei den Faden zum Annähen lang genug stehen lassen. Den Schwanz hinten an den Körper des Fuchses nähen.

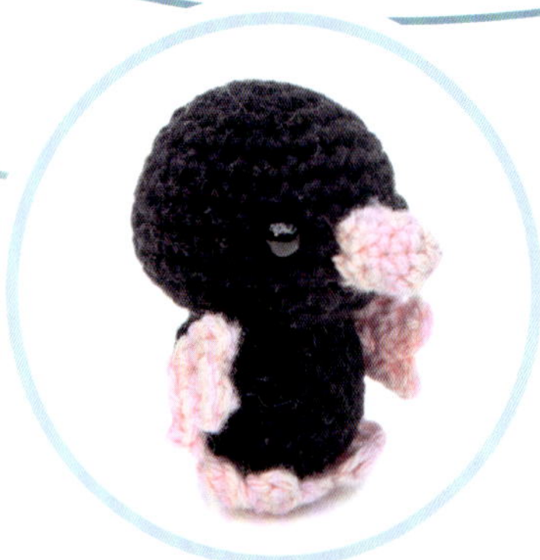

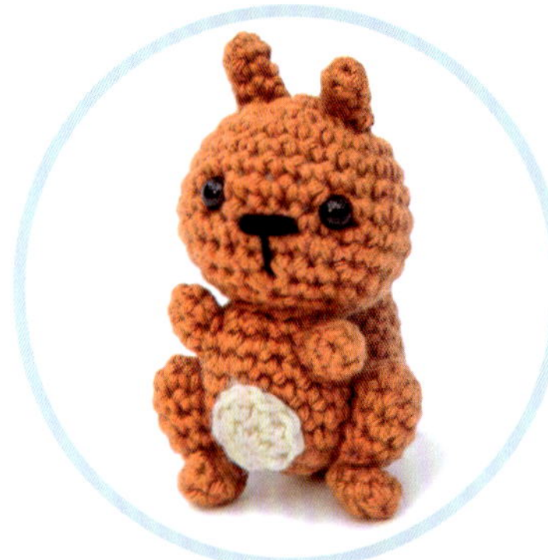

MAULWURF

KÖRPER UND KOPF
Den Körper und Kopf nach der Anleitung für den Hasen auf Seite 12 mit schwarzem Garn häkeln.
Die Sicherheitsaugen zwischen der 6. und 7. Runde mit 5 M Abstand anbringen.

SCHNAUZE
1. Runde: mit rosa Garn 6 fM in einen Fadenring (6 M).
2. und 3. Runde: 1 fM in jede M (6 M).
Arbeit beenden, dabei den Faden zum Annähen lang genug stehen lassen. Die Schnauze nicht ausstopfen und zwischen die Augen an den Kopf und diesen an den Körper nähen.

FUSS (4 x häkeln)
1. Runde: mit rosa Garn 6 fM in einen Fadenring (6 M).
2. Runde: *2 fM, 1 Stb, 2 fM, 1 Km in diesebe M* 3 x.
Die Runde hier beenden, Arbeit beenden und den Faden zum Annähen lang genug stehen lassen. Zwei Füße unten und zwei seitlich an den Körper des Maulwurfs nähen.

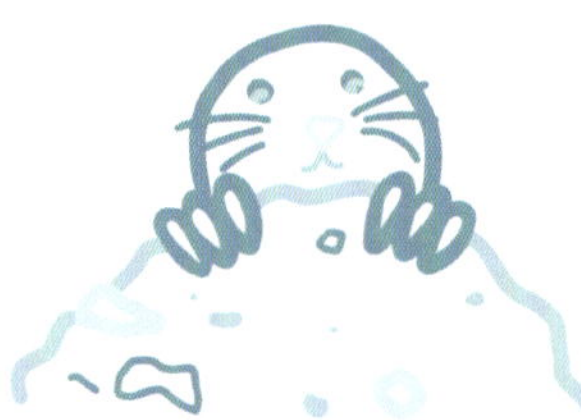

EICHHÖRNCHEN

Hinweis: Wenn nicht anders angegeben, mit rotbraunem Garn häkeln.

KÖRPER UND KOPF
Den Körper und Kopf nach der Anleitung für den Hasen auf Seite 12 häkeln.
Die Sicherheitsaugen zwischen der 6. und 7. Runde mit 5 M Abstand anbringen.
Mit schwarzem Garn eine Nase und einen Mund aufsticken. Diese zwischen der 7. und 8. Runde über 3 M hinweg platzieren. Den Kopf an den Körper nähen.

OHR (2 x häkeln)
1. Runde: 4 fM in einen Fadenring (4 M).
2. Runde: 2 fM in die nächste M, 3 fM (5 M).
3. Runde: 1 fM in jede M (5 M).
Arbeit beenden, dabei den Faden zum Annähen lang genug stehen lassen. Die Ohren nicht ausstopfen, flachdrücken und oben an den Kopf nähen.

BEIN (2 x häkeln)
1. Runde: 6 fM in einen Fadenring (6 M).
2. Runde: *2 fM in die nächste M, 2 fM* 2 x (8 M).
3. und 4. Runde: 1 fM in jede M (8 M).
5. Runde: *2 fM zus, 2 fM* 2 x (6 M).
Mit etwas Füllmaterial ausstopfen.
6. Runde: *2 fM zus, 1 fM* 2x (4 M).
Arbeit beenden, dabei den Faden zum Annähen lang genug stehen lassen.

FUSS (2 x häkeln)
1. Runde: 5 fM in einen Fadenring (5 M).
2. Runde: 2 fM in die nächste M, 4 fM (6 M).
3. Runde: 1 fM in jede M (6 M).
Arbeit beenden, dabei den Faden zum Annähen lang genug stehen lassen. Die Füße nicht ausstopfen, flachdrücken und an die spitzen Enden der Beine nähen. Diese seitlich an den Körper des Eichhörnchens nähen.

SCHWANZ
1. Runde: 4 fM in einen Fadenring (4 M).
2. Runde: *2 fM in die nächste M, 1 fM* 2 x (6 M).
3. Runde: *2 fM in die nächste M, 2 fM* 2 x (8 M).
4. Runde: 1 fM in jede M (8 M).
5. Runde: *2 fM in die nächste M, 3 fM* 2 x (10 M).
6. Runde: *2 fM in die nächste M, 4 fM* 2 x (12 M).
7. Runde: 1 fM in jede M (12 M).
8. Runde: mit orangem Garn *2 fM in die nächste M, 3 fM* 3 x (15 M).
9. und 10. Runde: 1 fM in jede M (15 M).
11. Runde: 2 fM zus, 13 fM (14 M).
12. Runde: *2 fM zus, 5 fM* 2 x (12 M).
13. Runde: *2 fM zus, 4 fM* 2 x (10 M).
Mit Füllmaterial ausstopfen.
14. Runde: *2 fM zus* 5 x (5 M).
Arbeit beenden, dabei den Faden zum Annähen lang genug stehen lassen. Den Schwanz über den ganzen Rücken des Eichhörnchens annähen.

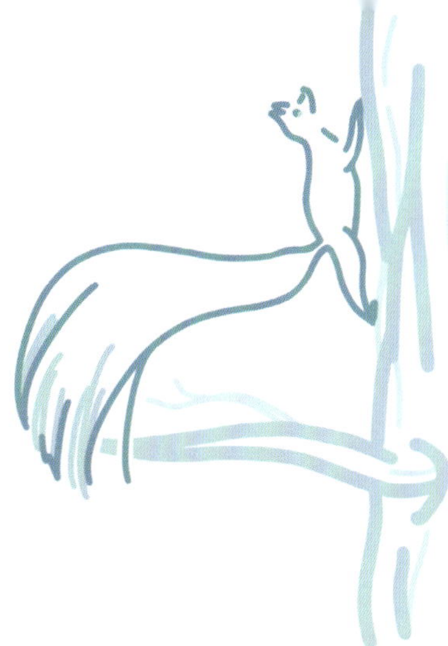

BAUCHFLECK
1. Runde: mit cremeweißem Garn 6 fM in einen Fadenring (6 M).
2. Runde: 2 fM in jede M (12 M).
Arbeit beenden, dabei den Faden zum Annähen lang genug stehen lassen. Den Bauchflecken vorne auf den Körper des Eichhörnchens nähen.

VORDERBEIN (2 x häkeln)
1. Runde: 5 fM in einen Fadenring (5 M).
2. und 3. Runde: 1 fM in jede M (5 M).
Arbeit beenden, dabei den Faden zum Annähen lang genug stehen lassen. Die Vorderbeine nicht ausstopfen und vorne an den Körper nähen.

MAUS

Hinweis: Wenn nicht anders angegeben, mit grauem Garn häkeln.

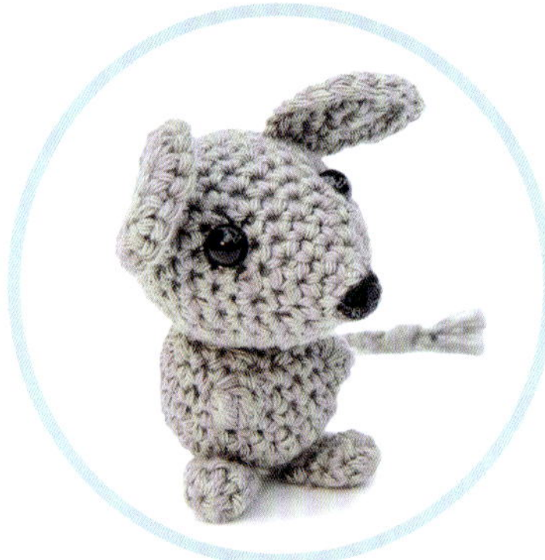

KÖRPER

Hinweis: Zur Popcorn-Masche siehe die Anleitung auf Seite 11.

1. Runde: 6 fM in einen Fadenring (6 M).
2. Runde: 2 fM in jede M (12 M).
3. Runde: *2 fM in die nächste M, 1 fM* 6x (18 M).
4.–6. Runde: 1 fM in jede M (18 M).
7. Runde: 6 fM, 1 Popcorn-M, 4 fM, 1 Popcorn-M, 6 fM (18 M).
Falls nötig, die Popcorn-M durch die M stecken, sodass sie auf der rechten Seite herausschaut.
8. Runde: 1 fM in jede M (18 M).
9. Runde: *2 fM zus, 1 fM* 6x (12 M).
Mit Füllmaterial ausstopfen.
Arbeit beenden, dabei den Faden zum Annähen lang genug stehen lassen. Die beiden Popcorn-M bilden die Arme der Maus, sie sollten daher nach vorne zeigen, wenn der Kopf angenäht wird.

KOPF

1. Runde: 6 fM in einen Fadenring (6 M).
2. Runde: *2 fM in die nächste M, 2 fM* 2x (8 M).
3. Runde: *2 fM in die nächste M, 3 fM* 2x (10 M).
4. Runde: *2 fM in die nächste M, 4 fM* 2x (12 M).
5. Runde: *2 fM in die nächste M, 5 fM* 2x (14 M).
6. Runde: *2 fM in die nächste M, 6 fM* 2x (16 M).
7. Runde: *2 fM in die nächste M, 7 fM* 2x (18 M).
8. Runde: *2 fM in die nächste M, 2 fM* 6x (24 M).
9.–13. Runde: 1 fM in jede M (24 M).
14. Runde: *2 fM zus, 2 fM* 6x (18 M).
15. Runde: *2 fM zus, 1 fM* 6x (12 M).
Die Sicherheitsaugen zwischen der 6. und 7. Runde mit 5 M Abstand einsetzen.
Mit Füllmaterial ausstopfen.
16. Runde: *2 fM zus* 6x (6 M).
Arbeit beenden und lose Fadenenden vernähen.
Mit schwarzem Garn eine Nase über der Spitze der Schnauze von der 2. Runde auf der rechten Seite zur 2. Runde auf der linken Seite aufsticken. Den Kopf an den Körper nähen.

OHR (2 x häkeln)

Ohr (2 x häkeln)
1. Runde: 6 fM in einen Fadenring (6 M).
2. Runde: 2 fM in jede M (12 M).
3. Runde: *2 fM in die nächste M, 1 fM* 6x (18 M).
Arbeit beenden, dabei den Faden zum Annähen lang genug stehen lassen. Die Ohren oben auf der 11. Runde an den Kopf nähen.

FUSS (2 x häkeln)

1. Runde: 6 fM in einen Fadenring (6 M).
2.–5. Runde: 1 fM in jede M (6 M).
Arbeit beenden, dabei den Faden zum Annähen lang genug stehen lassen. Die Füße nicht ausstopfen und unten an den Körper nähen.

SCHWANZ

Drei 20 cm lange Fäden vom grauen Garn abschneiden. Diese mithilfe der Häkelnadel durch eine Masche am Hinterteil ziehen, sodass die Fäden gleich lang herunterhängen. Den Schwanz auf die gewünschte Länge flechten und am Ende verknoten.

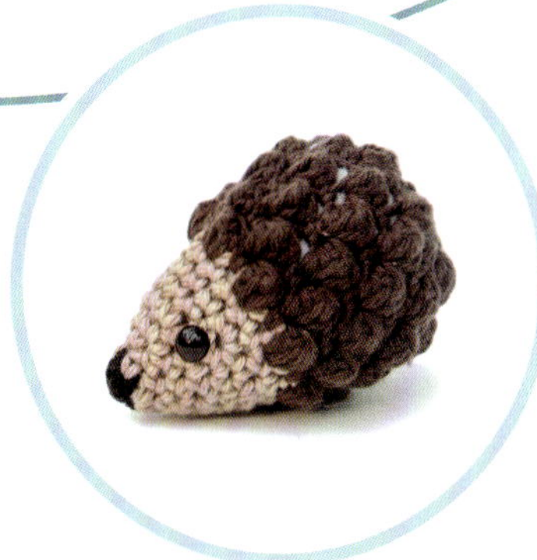

IGEL

KOPF UND KÖRPER

Hinweis: Zur Popcorn-Masche siehe die Anleitung auf Seite 11.

An der Schnauze beginnen.

1. Runde: mit schwarzem Garn 5 fM in einen Fadenring (5 M).

2. Runde: mit beigem Garn 2 fM in die nächste M, 4 fM (6 M).

3. Runde: *2 fM in die nächste M* 2x, 4 fM (8 M).

4. Runde: *2 fM in die nächste M, 1 fM* 4x (12 M).

5. Runde: *2 fM in die nächste M, 3 fM* 3x (15 M).

6. Runde: 1 fM in jede M (15 M).

7. Runde: *2 fM in die nächste M, 4 fM* 3x (18 M).

8. Runde: 1 fM in die nächste M (18 M).

9.–13. Runde: mit braunem Garn *1 Popcorn-M, 1 fM* 9x (18 M). Die Popcorn-M sollten versetzt sein, damit sie zwischen den Popcorn-M der Vorrunde herausschauen.

14. Runde: *1 Popcorn-M in die nächste fM, 2 fM zus* 6x (12 M).

Die Sicherheitsaugen zwischen der 4. und 5. Runde mit 5 M Abstand einsetzen.

Mit Füllmaterial ausstopfen.

15. Runde: *2 fM zus* 6x (6 M).

Arbeit beenden und lose Fadenenden vernähen.

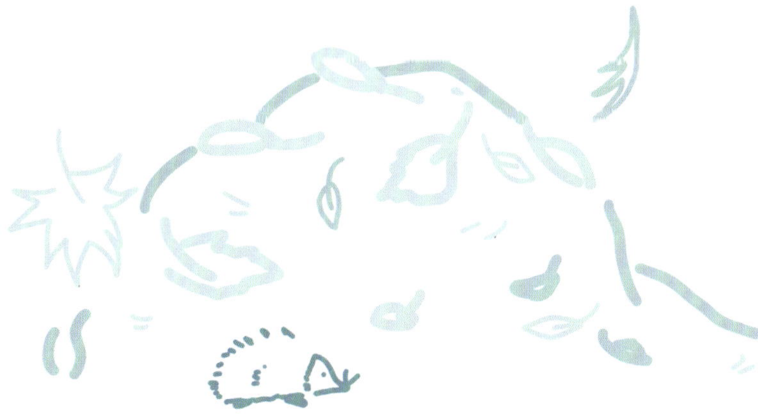

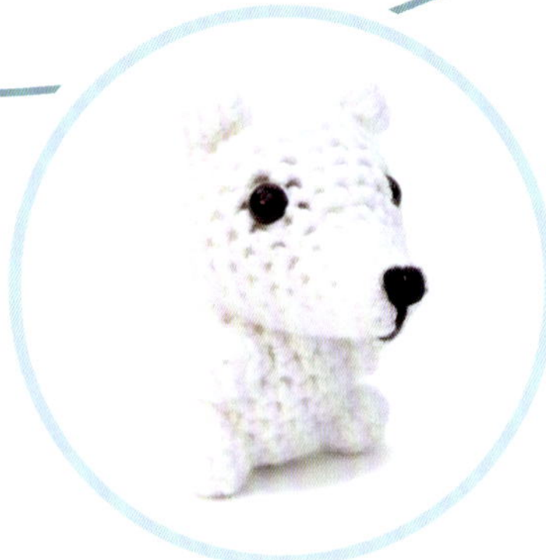

EISBÄR

Hinweis: Wenn nicht anders angegeben, mit weißem Garn häkeln.

KÖRPER

Den Körper nach der Anleitung für den Hasen auf Seite 12 häkeln.

KOPF

1. Runde: 6 fM in einen Fadenring (6 M).
2. Runde: *2 fM in die nächste M, 2 fM* 2 x (8 M).
3. Runde: 1 fM in jede M (8 M).
4. Runde: *2 fM in die nächste M, 3 fM* 2x (10 M).
5. Runde: 1 fM in jede M (10 M).
6. Runde: *2 fM in die nächste M, 4 fM* 2x (12 M).
7. Runde: 1 fM in jede M (12 M).
8. Runde: *2 fM in die nächste M, 1 fM* 6x (18 M).
9. und 10. Runde: 1 fM in jede M (18 M).
11. Runde: *2 fM in die nächste M, 2 fM* 6x (24 M).
12.–14. Runde: 1 fM in jede M (24 M).
15. Runde: *2 fM zus, 2 fM* 6 x (18 M).
16. Runde: 1 fM in jede M (18 M).
17. Runde: *2 fM zus, 1 fM* 6 x (12 M).
Die Sicherheitsaugen zwischen der 8. und 9. Runde mit 5 M Abstand einsetzen.
Mit schwarzem Garn eine Nase und eine Mund aufsticken.
Mit Füllmaterial ausstopfen.
18. Runde: *2 fM zus* 6 x (6 M).
Arbeit beenden und lose Fadenenden vernähen.
Den Kopf an den Körper nähen.

OHR (2 x häkeln) UND SCHWANZ

1. Runde: 6 fM in einen Fadenring (6 M).
2. Runde: 1 fM in jede M (6 M).
Arbeit beenden, dabei den Faden zum Annähen lang genug stehen lassen. Diese Teile nicht ausstopfen. Die Ohren flachdrücken und oben an den Kopf nähen. Den Schwanz hinten an den Körper des Eisbären nähen.

BEIN (4 x häkeln)

1. Runde: 6 fM in einen Fadenring (6 M).
2. Runde: *2 fM in die nächste M, 2 fM* 2 x (8 M).
3. Runde: 1 fM in jede M (8 M).
Arbeit beenden, dabei den Faden zum Annähen lang genug stehen lassen. Die Beine nicht ausstopfen und an den Körper des Eisbären nähen.

Die Tiere eignen sich auch super als niedliche Anhänger

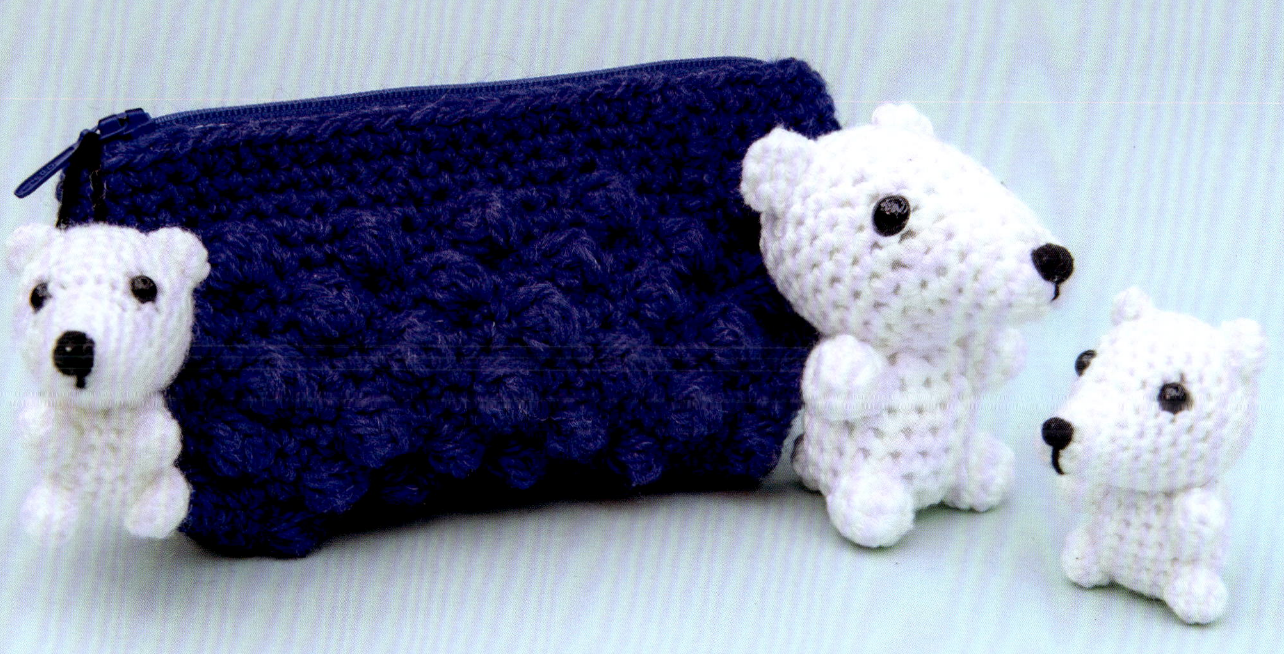

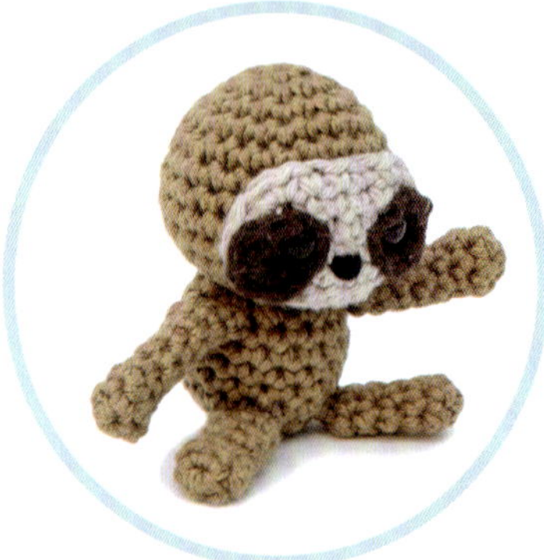

FAULTIER

KÖRPER
Den Körper nach der Anleitung für den Hasen auf Seite 12 mit hellbraunem Garn häkeln.

GESICHT
Mit beigem Garn 6 Lm häkeln, dann ab der 2. Lm von der Nadel weiterarbeiten. In Runden um die Lm-Kette herum häkeln.
1. Runde: 4 fM, 3 fM in nächste M, 3 fM, 2 fM in nächste M (12 M).
2. Runde: 2 fM in die nächste M, 3 fM, 2 fM in die nächste M, 1 fM, 2 fM in die nächste M, 3 fM, 2 fM in die nächste M, 1 fM (16 M).
3. Runde: 1 fM, 2 fM in die nächste M, 4 fM, 2 fM in die nächste M, 2 fM, 2 fM in die nächste M, 4 fM, 2 fM in die nächste M, 1 fM (20 M).
Arbeit beenden, den Faden zum Annähen lang genug stehen lassen.

AUGENFLECK (2 x häkeln)
1. Runde: mit dunkelbraunem Garn 6 fM in einen Fadenring (6 M).
2. Runde: 1 fM, 2 fM in die nächste M, 1 fM, 1 Km. Die Runde hier beenden, dabei den Faden zum Annähen lang genug stehen lassen.

KOPF
Den Kopf nach der Anleitung für den Hasen auf Seite 12 mit hellbraunem Garn häkeln.
Die Sicherheitsaugen mittig auf den Augenflecken und dann zwischen den äußeren M der 1. Runde des Gesichts und dann noch zwischen der 7. und 8. Runde mit 6 M Abstand einsetzen.
Den Kopf ausstopfen und Arbeit beenden. Lose Fadenenden vernähen. Die Augenflecken an den Rändern auf das Gesicht nähen.
Das Gesicht auf den Kopf nähen.
Mit schwarzem Garn eine Nase zwischen die Augenflecken sticken.
Den Kopf an den Körper nähen.

BEIN (2 x häkeln)
1. Runde: mit hellbraunem Garn 6 fM in einen Fadenring (6 M).
2.–6. Runde: 1 fM in jede M (6 M).
Arbeit beenden, dabei den Faden zum Annähen lang genug stehen lassen. Die Beine nicht ausstopfen und an den Körper nähen.

ARM (2 x häkeln)
1. Runde: mit hellbraunem Garn 6 fM in einen Fadenring (6 M).
2.–8. Runde: 1 fM in jede M (6 M).
Arbeit beenden, dabei den Faden zum Annähen lang genug stehen lassen. Die Arme nicht ausstopfen und an den Körper nähen.

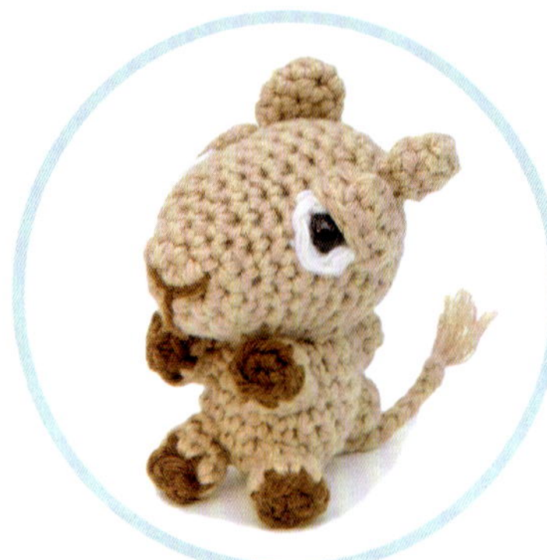

KAMEL

KÖRPER
Den Körper nach der Anleitung für den Hasen auf Seite 12 mit beigem Garn häkeln.

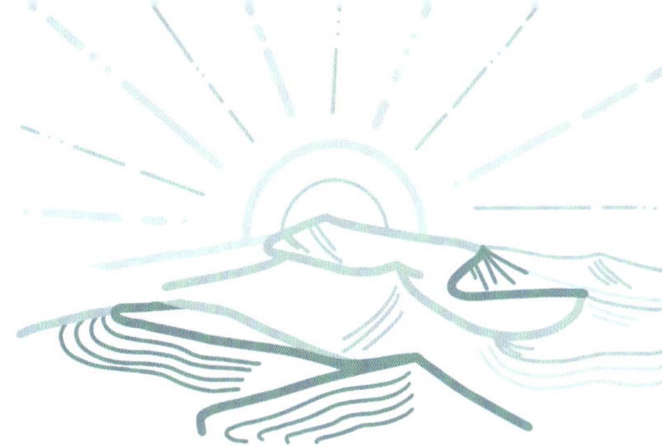

AUGENFLECK (2 x häkeln)

1. Runde: mit weißem Garn 6 fM in einen Fadenring (6 M).

Arbeit beenden, dabei den Faden zum Annähen lang genug stehen lassen.

KOPF

1. Runde: mit beigem Garn 6 fM in einen Fadenring (6 M).

2. Runde: 2 fM in jede M (12 M).

3. und 4. Runde: 1 fM in jede M (12 M).

5. Runde: *2 fM in die nächste M, 1 fM* 6 x (18 M).

6.–8. Runde: 1 fM in jede M (18 M).

9. Runde: *2 fM in die nächste M, 2 fM* 6 x (24 M).

10.–13. Runde: 1 fM in jede M (24 M).

14. Runde: *2 fM zus, 2 fM* 6 x (18 M).

15. Runde: 1 fM in jede M (18 M).

16. Runde: *2 fM zus, 1 fM* 6 x (12 M).

Sicherheitsaugen mittig in die Augenflecken und dann zwischen der 9. und 10. Runde des Kopfes mit 8 M Abstand einsetzen.

Mit Füllmaterial ausstopfen.

17. Runde: *2 fM zus* 6 x (6 M).

Arbeit beenden und lose Fadenenden vernähen.

Mit braunem Garn Nüstern zwischen der 2. und 3. Runde aufsticken. Den Kopf an den Körper nähen.

AUGENLID (2 x häkeln)

1. Runde: mit beigem Garn 6 fM in einen Fadenring (6 M).

2. Runde: *2 fM in die nächste M, 2 fM* 2 x, 1 Km (8 M).

Das Augenlid flachdrücken und wie folgt mit einer Reihe zusammenhäkeln:

1. Reihe: 1 Lm, 4 fM, 1 Km in dieselbe M wie die letzte fM (4 M).

Arbeit beenden, dabei den Faden zum Annähen lang genug stehen lassen. Die Augenlider jeweils direkt über dem Sicherheitsauge annähen.

OHR (2 x häkeln)

1. Runde: mit beigem Garn 4 fM in einen Fadenring (4 M).

2. Runde: *2 fM in die nächste M, 1 fM* 2 x (6 M).

3. Runde: *2 fM in die nächste M, 2 fM* 2 x (8 M).

4. Runde: *2 fM zus, 2 fM* 2 x (6 M).

Arbeit beenden, dabei den Faden zum Annähen lang genug stehen lassen. Die Ohren nicht ausstopfen, flachdrücken und direkt hinter die Augen oben an den Kopf nähen.

HÖCKER (2 x häkeln)

1. Runde: mit beigem Garn 6 fM in einen Fadenring (6 M).

2. Runde: *2 fM in die nächste M, 2 fM* 2 x (8 M).

3. Runde: 1 fM in jede M (8 M).

Arbeit beenden, dabei den Faden zum Annähen lang genug stehen lassen.

Die Höcker auf den Rücken nähen.

Alternativ einen Dromedar anfertigen, dafür nur einen Höcker häkeln.

BEIN (4 x häkeln)

1. Runde: mit braunem Garn 6 fM in einen Fadenring (6 M).

2. Runde (hMg): mit beigem Garn 1 fM in jede M (6 M).

3. Runde: 1 fM in jede M (6 M).

Arbeit beenden, dabei den Faden zum Annähen lang genug stehen lassen. Die Beine nicht ausstopfen und an den Körper nähen.

SCHWANZ

Drei 20 cm lange Fäden vom beigen Garn abschneiden. Diese mithilfe der Häkelnadel durch eine Masche am Hinterteil ziehen, sodass die Fäden gleich lang herunterhängen. Den Schwanz auf die gewünschte Länge flechten und am Ende verknoten.

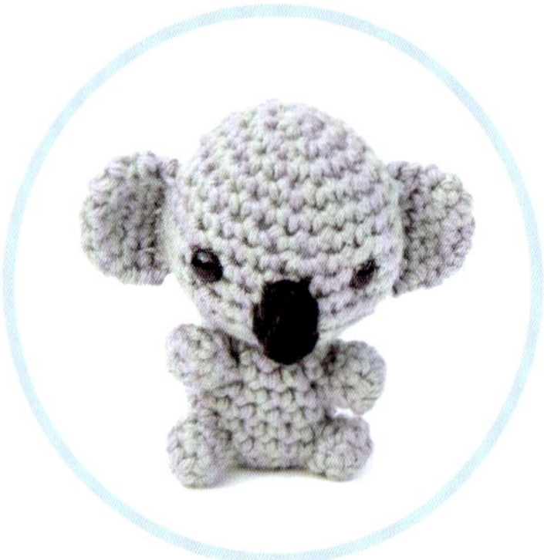

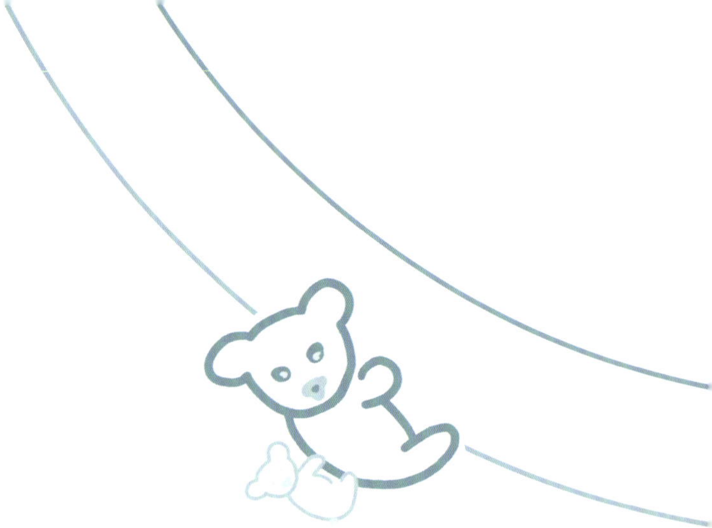

KOALABÄR

KÖRPER UND KOPF

Den Körper und den Kopf nach der Anleitung für den Hasen auf Seite 12 mit grauem Garn häkeln. Die Sicherheitsaugen zwischen der 6. und 7. Runde mit 5 M Abstand einsetzen. Den Kopf an den Körper nähen.

OHR (2 x häkeln)

1. Runde: mit grauem Garn 6 fM in einen Fadenring (6 M).
2. Runde: 2 fM in jede M (12 M).
3. und 4. Runde: 1 fM in jede M (12 M).
Die Ohren flachdrücken und wie folgt mit einer Reihe zusammenhäkeln:
1. Reihe: 1 Lm, 6 fM, 1 Km in dieselbe M wie die letzte fM.
Arbeit beenden, dabei den Faden zum Annähen lang genug stehen lassen. Die Ohren mit der zusammengehäkelten Seite seitlich an den Kopf nähen.

BEIN (4 x häkeln)

1. Runde: mit grauem Garn 6 fM in einen Fadenring (6 M).
2. und 3. Runde: 1 fM in jede M (6 M).
Arbeit beenden, dabei den Faden zum Annähen lang genug stehen lassen. Die Beine nicht ausstopfen und an den Körper nähen.

NASE

Mit schwarzem Garn 4 Lm häkeln, dann ab der 2. Lm von der Nadel weiterarbeiten. In Runden um die Lm-Kette herum häkeln.
1. Runde: 2 fM, 3 fM in dieselbe Lm, 1 fM, 2 fM in dieselbe Lm (8 M).
2. Runde: 1 fM in jede M (8 M).
Mit Füllmaterial ausstopfen.
Arbeit beenden, dabei den Faden zum Annähen lang genug stehen lassen. Die Nase zwischen die Augen mittig auf den Kopf nähen.

AFFE

KÖRPER
Den Körper nach der Anleitung für den Hasen auf Seite 12 mit braunem Garn häkeln.

AUGENFLECKEN (2 x häkeln)
1. Runde: mit beigem Garn 8 fM in einen Fadenring (8 M).
Arbeit beenden, dabei den Faden zum Annähen lang genug stehen lassen.

KOPF
Den Kopf nach der Anleitung für den Hasen auf Seite 12 mit braunem Garn häkeln.
Die Sicherheitsaugen mittig auf den Augenflecken und dann zwischen der 5. und 6. Runde des Kopfes mit einem Abstand von 5 M anbringen. Die Ränder der Augenflecken festnähen.

NASE
1. Runde: mit beigem Garn 6 fM in einen Fadenring (6 M).
2. Runde: 2 fM in jede M (12 M).
3. Runde: 1 fM in jede M (12 M.
Arbeit beenden, dabei den Faden zum Annähen lang genug stehen lassen. Vor dem Annähen etwas ausstopfen. Die Nase zwischen die Augenflecken nähen. Mit braunem Garn Nasenlöcher und einen Mund aufsticken.

OHR (2 x häkeln)
1. Runde: mit beigem Garn 5 fM in einen Fadenring (5 M).
2. Runde: 2 fM in die nächste M, 4 fM (6 M).
Arbeit beenden, dabei den Faden lang genug stehen lassen. Die Ohren seitlich am Kopf des Affen annähen.

BÄUCHLEIN
1. Runde: mit beigem Garn 6 fM in einen Fadenring (6 M).
2. Runde: 2 fM in jede M (12 M).
Arbeit beenden, dabei den Faden zum Annähen lang genug stehen lassen. Das Bäuchlein vorne auf den Körper nähen, bevor Beine und Arme angenäht werden.

BEIN (2 x häkeln)
1. Runde: mit beigem Garn 6 fM in einen Fadenring (6 M).
2. Runde: 1 fM in jede M (6 M).

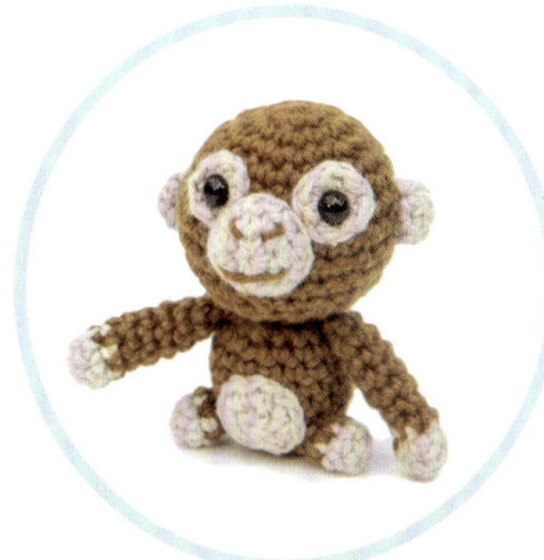

3. Runde: mit braunem Garn 1 fM in jede M (6 M).
Arbeit beenden, dabei den Faden zum Annähen lang genug stehen lassen. Die Beine nicht ausstopfen und unten seitlich an den Körper nähen.

ARM (2 x häkeln)
1. Runde: mit beigem Garn 6 fM in einen Fadenring (6 M).
2. Runde: 1 fM in jede M (6 M).
3.–8. Runde: mit braunem Garn 1 fM in jede M (6 M).
9. Runde: *2 fM zus* 3 x (3 M).
Arbeit beenden, dabei den Faden zum Annähen lang genug stehen lassen. Die Arme nicht ausstopfen und seitlich an den Körper nähen.

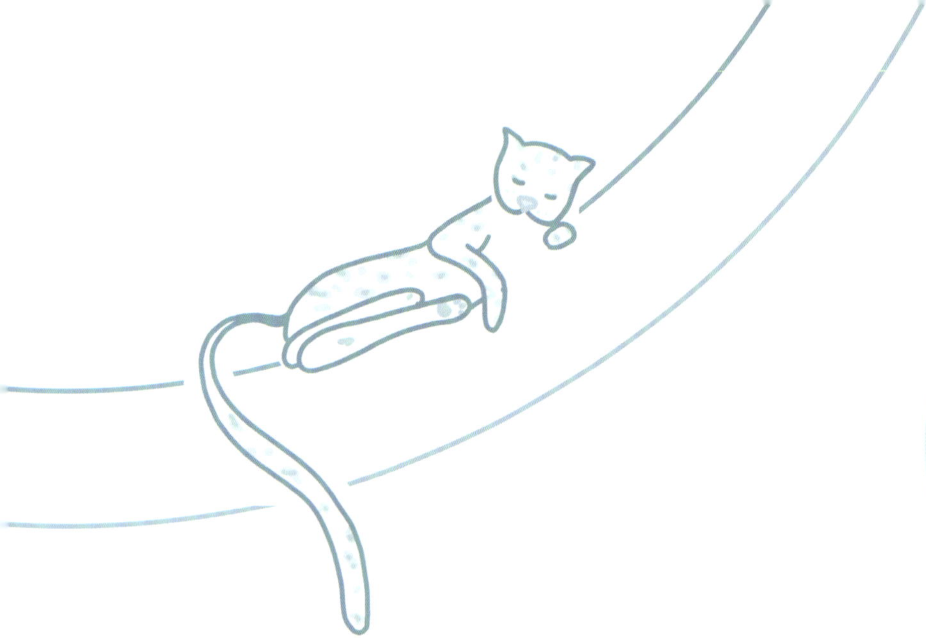

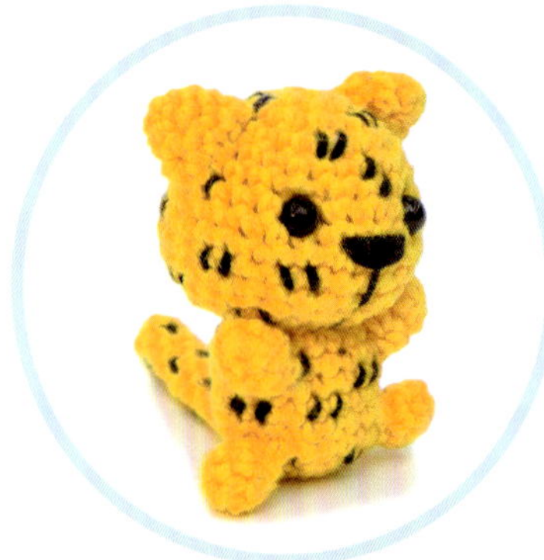

LEOPARD

Hinweis: Wenn nicht anders angegeben, mit gelbem Garn häkeln.

KÖRPER UND KOPF

Den Körper und den Kopf nach Anleitung des Hasen auf Seite 12 häkeln.

Die Sicherheitsaugen zwischen der 6. und 7. Runde mit 5 M Abstand einsetzen. Mit schwarzem Garn die Nase und den Mund über 3 M zwischen der 7. und 8. Runde zwischen die Augen sticken. Ebenfalls mit schwarzem Garn Flecken aufsticken. Den Kopf an den Körper nähen.

OHR (2 x häkeln)

1. Runde: 4 fM in einen Fadenring (4 M).

2. Runde: *2 fM in die nächste M, 1 fM* 2 x (6 M).

3. Runde: *2 fM in die nächste M, 2 fM* 2 x (8 M).

4. Runde: *2 fM in die nächste M, 3 fM* 2 x (10 M).

Arbeit beenden, dabei den Faden zum Annähen lang genug stehen lassen. Die Ohren nicht ausstopfen, flachdrücken und oben auf den Kopf nähen.

SCHWANZ

1. Runde: 5 fM in einen Fadenring (5 M).

2.–12. Runde: 1 fM in jede M (5 M).

Arbeit beenden, dabei den Faden zum Annähen lang genug stehen lassen. Den Schwanz nicht ausstopfen und hinten an den Körper des Leoparden nähen. Mit schwarzem Garn Flecken auf Körper und Schwanz sticken.

BEIN (4 x häkeln)

1. Runde: 6 fM in einen Fadenring (6 M).

2. und 3. Runde: 1 fM in jede M (6 M).

Arbeit beenden, dabei den Faden zum Annähen lang genug stehen lassen. Die Beine nicht ausstopfen und an den Körper nähen.

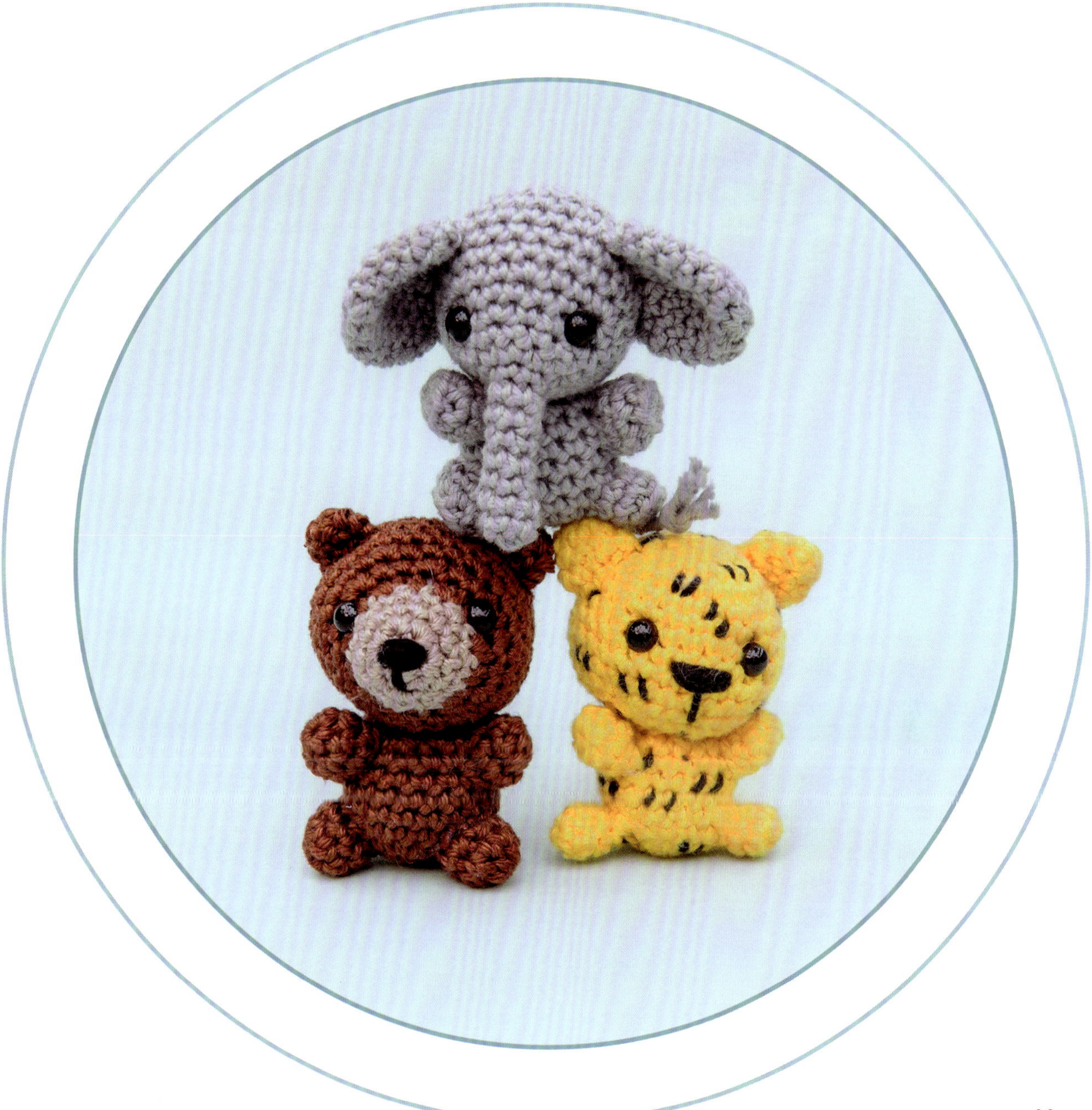

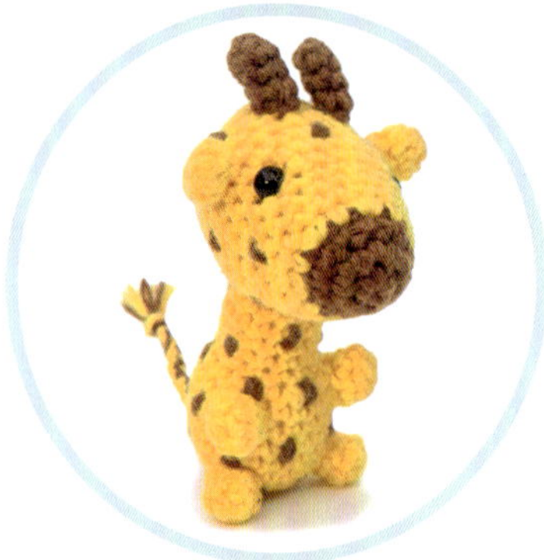

GIRAFFE

KÖRPER

1. Runde: mit gelbem Garn 6 fM in einen Fadenring (6 M).
2. Runde: 2 fM in jede M (12 M).
3. Runde: *2 fM in die nächste M, 1 fM* 6 x (18 M).
4.–8. Runde: 1 fM in jede M (18 M).
9. Runde: *2 fM zus, 1 fM* 6 x (12 M).
10.–13. Runde: 1 fM in jede M (12 M).
Mit Füllmaterial ausstopfen.
Arbeit beenden, dabei den Faden zum Annähen lang genug stehen lassen.

KOPF

1. Runde: mit braunem Garn 6 fM in einen Fadenring (6 M).
2. Runde: 2 fM in jede M (12 M).
3. Runde: 1 fM in jede M (12 M).
Den Faden lang hängen lassen, um damit später auf Kopf und Körper Flecken aufzusticken. Den Faden auf die rechte Seite ziehen.
4. Runde: mit gelbem Garn *2 fM in die nächste M, 1 fM* 6 x (18 M).
5.–7. Runde: 1 fM in jede M (18 M).
8. Runde: *2 fM in die nächste M, 2 fM* 6 x (24 M).
9.–14. Runde: 1 fM in jede M (24 M).
15. Runde: *2 fM zus, 2 fM* 6 x (18 M).
16. Runde: *2 fM zus, 1 fM* 6 x (18 M).
Die Sicherheitsaugen zwischen der 7. und 8. Runde mit 8 M Abstand einsetzen.
Mit Füllmaterial ausstopfen.
17. Runde: *2 fM zus* 6 x (6 M).
Arbeit beenden und lose Fadenenden vernähen. Den Kopf an den Körper nähen. Das braune Fadenende in eine Nadel einfädeln und damit gleichmäßig verteilt auf Körper und Kopf Flecken aufsticken.

HORN (2 x häkeln)

1. Runde: mit braunem Garn 5 fM in einen Fadenring (5 M).
2.–4. Runde: 1 fM in jede M (5 M).
Arbeit beenden, dabei den Faden zum Annähen lang genug stehen lassen. Die Hörner nicht ausstopfen und oben auf den Kopf nähen.

OHR (2 x häkeln)

1. Runde: mit gelbem Garn 4 fM in einen Fadenring (4 M).
2. Runde: *2 fM in die nächste M, 1 fM* 2 x (6 M).
3. Runde: 1 fM in jede M (6 M).
4. Runde: *2 fM zus, 1 fM* 2x (4 M).
Arbeit beenden, dabei den Faden zum Annähen lang genug stehen lassen. Die Ohren nicht ausstopfen, flachdrücken und seitlich an den Kopf nähen.

BEIN (4 x häkeln)

1. Runde: mit gelbem Garn 6 fM in einen Fadenring (6 M).
2. und 3. Runde: 1 fM in jede M (6 M).
Arbeit beenden, dabei den Faden zum Annähen lang genug stehen lassen. Die Beine nicht ausstopfen und an den Körper nähen.

SCHWANZ

Drei 20 cm lange Fäden vom Garn abschneiden, einen vom braunen und zwei vom gelben Garn. Diese mithilfe der Häkelnadel durch eine Masche am Hinterteil ziehen, sodass die Fäden gleich lang herunterhängen. Den Schwanz auf die gewünschte Länge flechten und am Ende verknoten.

LÖWE

KÖRPER UND KOPF
Den Körper und den Kopf nach der Anleitung für den Hasen auf Seite 12 mit gelbem Garn häkeln. Die Sicherheitsaugen zwischen der 6. und 7. Runde mit 5 M Abstand einsetzen. Mit schwarzem Garn eine Nase und einen Mund mittig zwischen die Augen sticken.

OHREN (2 x häkeln)
1. Runde: mit gelbem Garn 6 fM in einen Fadenring (6 M).
2. Runde: 1 fM in jede M (6 M).
Arbeit beenden, dabei den Faden zum Annähen lang genug stehen lassen.

BEIN (4 x häkeln)
1. Runde: mit gelbem Garn 6 fM in einen Fadenring (6 M).
2. und 3. Runde: 1 fM in jede M (6 M).
Arbeit beenden, dabei den Faden zum Annähen lang genug stehen lassen. Die Beine nicht ausstopfen und an den Körper nähen.

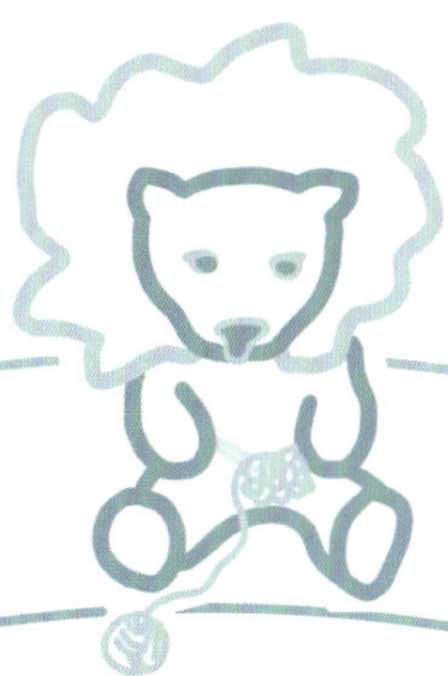

MÄHNE
Hinweis: Zur Popcorn-Masche siehe die Anleitung auf Seite 11.
1. Runde: mit braunem Garn 6 fM in einen Fadenring (6 M).
2. Runde: *1 Popcorn-M und 1 fM in die nächste M* 6 x (12 M).
3. Runde: *2 fM in die nächste M, 1 fM* 6 x (18 M).
4. Runde: *1 Popcorn-M und 1 fM in die nächste M, 1 Popcorn-M in die nächste M, 1 fM in die nächste M* 6 x (24 M).
5. Runde: *2 fM in die nächste M, 3 fM* 6 x (30 M).
6. Runde: *1 Popcorn-M in die nächste M, 1 fM in die nächste M* 15 x (30 M).
7. Runde: 1 fM in jede M (30 M).
8. Runde: *1 Popcorn-M in die nächste M, 1 fM in die nächste M* 15 x (30 M).
Arbeit beenden, dabei den Faden zum Annähen lang genug stehen lassen. Die Mähne an den Kopf nähen. Die Ohren oben auf die Mähne nähen. Den Kopf an den Körper nähen.

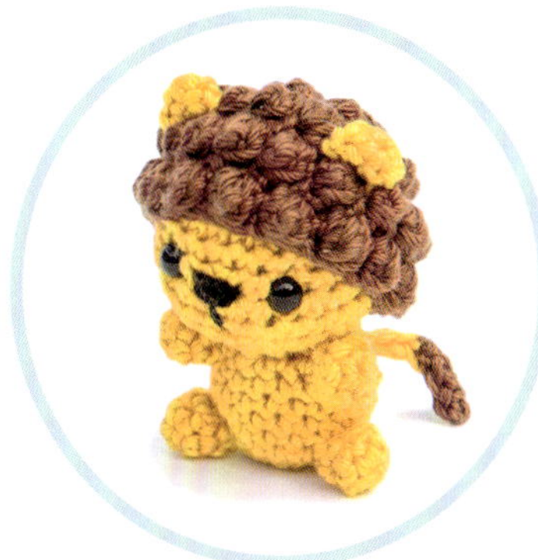

SCHWANZ
Mit gelbem Garn 5 Lm häkeln, zu hellbraunem Garn wechseln und weitere 4 Lm häkeln, dann ab der 2. Lm von der Nadel weiterarbeiten:
1. Reihe: mit hellbraunem Garn 1 fM in die nächsten 3 Lm. Zu gelbem Garn wechseln und jeweils 1 Km in jede der 5 Lm häkeln.
Arbeit beenden und lose Fadenenden vernähen. Mit dem gelben Fadenende den Schwanz hinten an den Löwen nähen.

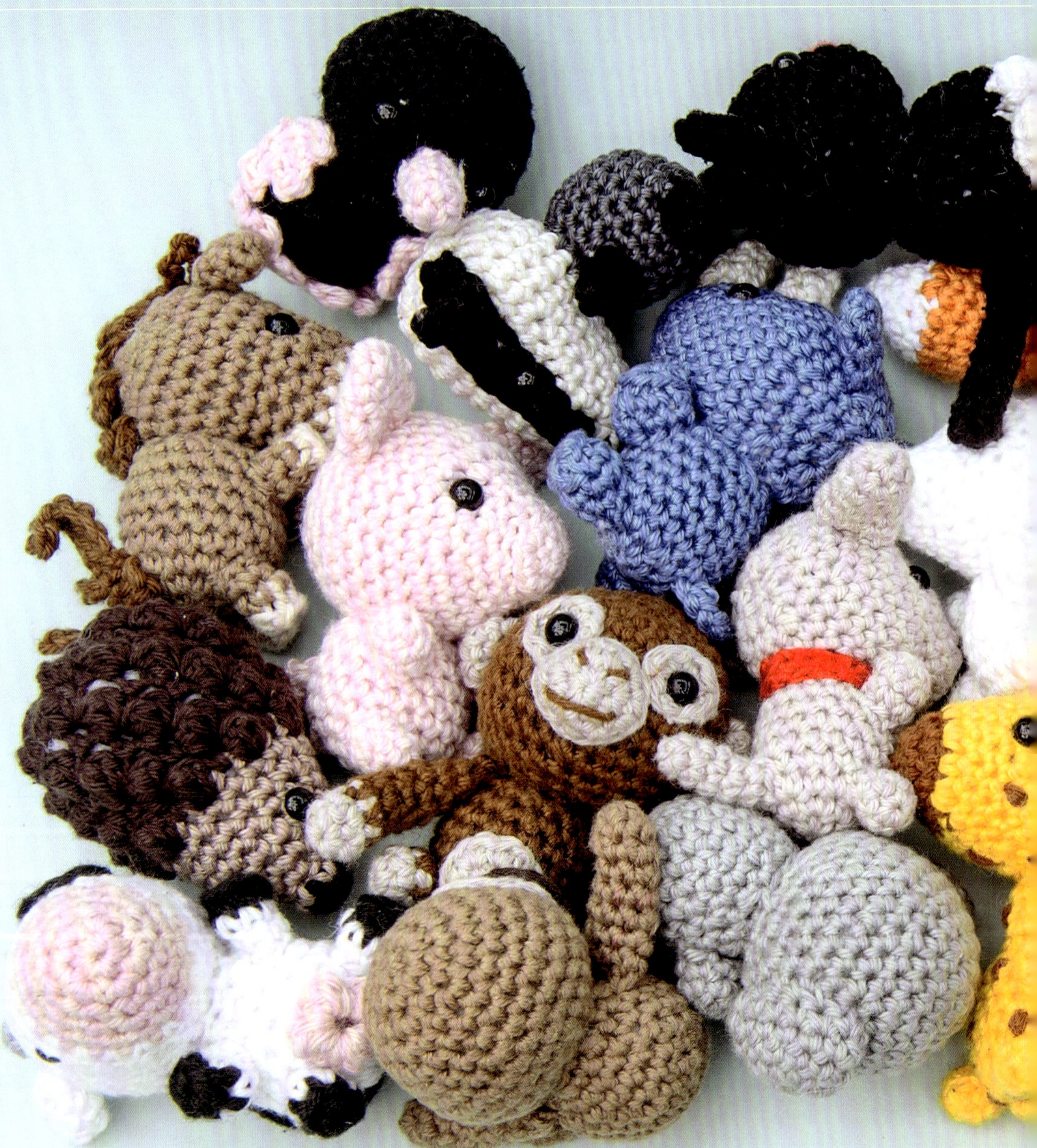

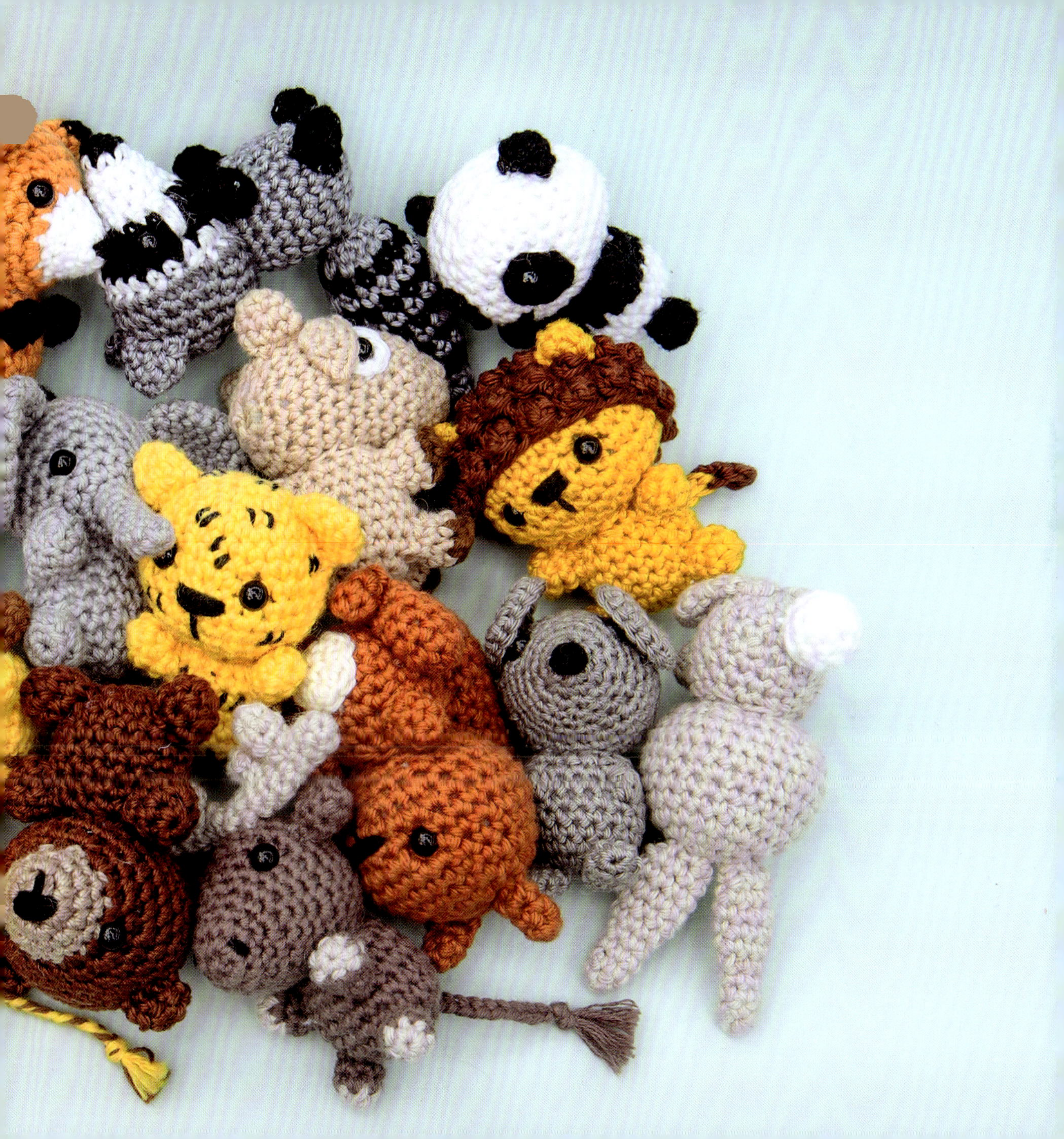

NASHORN

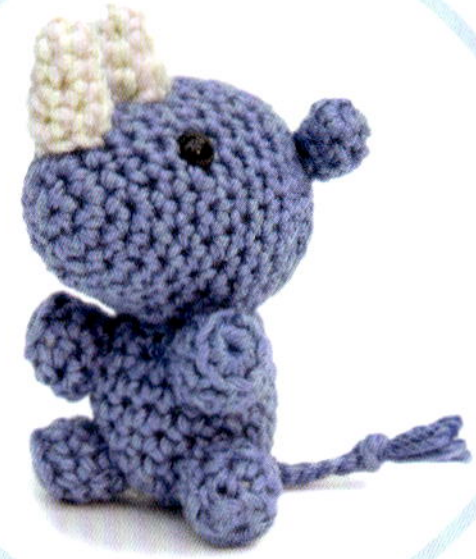

Hinweis: Wenn nicht anders angegeben, mit blauem Garn häkeln.

KÖRPER

Den Körper nach der Anleitung für den Hasen auf Seite 12 häkeln.

KOPF

1. Runde: 6 fM in einen Fadenring (6 M).
2. Runde: 2 fM in jede M (12 M).
3. Runde: 1 fM in jede M (12 M).
4. Runde: *2 fM in die nächste M, 1 fM* 6 x (18 M).
5.–7. Runde: 1 fM in jede M (18 M).
8. Runde: *2 fM in die nächste M, 8 fM* 2 x (20 M).
9. Runde: *2 fM in die nächste M, 9 fM* 2 x (22 M).
10. Runde: *2 fM in die nächste M, 10 fM* 2 x (24 M).
11.–13. Runde: 1 fM in jede M (24 M).
14. Runde: *2 fM zus, 2 fM* 6 x (18 M).
15. Runde: 1 fM in jede M (18 M).
16. Runde: *2 fM zus, 1 fM* 6 x (12 M).
Die Sicherheitsaugen zwischen der 7. und 8. Runde mit 5 M Abstand einsetzen.
Mit Füllmaterial ausstopfen.
17. Runde: *2 fM zus* 6 x (6 M).
Arbeit beenden und lose Fadenenden vernähen.

OHR (2 x häkeln)

1. Runde: 4 fM in einen Fadenring (4 M).
2. Runde: *2 fM in die nächste M, 1 fM* 2 x (6 M).
3. Runde: 1 fM in jede M (6 M).
4. Runde: *2 fM zus, 1 fM* 2 x (4 M).
Arbeit beenden, dabei den Faden zum Annähen lang genug stehen lassen. Die Ohren nicht ausstopfen, flachdrücken und seitlich an den Kopf nähen.

BEIN (4 x häkeln)

1. Runde: 8 fM in einen Fadenring (8 M).
2. Runde (hMg): 1 fM in jede M (8 M).
3. Runde: 1 fM in jede M (8 M).
Arbeit beenden, dabei den Faden zum Annähen lang genug stehen lassen. Die Beine etwas ausstopfen und an den Körper nähen.

SCHWANZ

Drei 20 cm lange Fäden vom Garn abschneiden. Diese mithilfe der Häkelnadel durch eine Masche am Hinterteil ziehen, sodass die Fäden gleich lang herunterhängen. Den Schwanz auf die gewünschte Länge flechten, am Ende verknoten und überstehende Fransen sauber zurückschneiden.

1. HORN

1. Runde: mit weißem Garn 3 fM in einen Fadenring (3 M).
2. Runde: 2 fM in die nächste M, 2 fM (4 M).
3. Runde: 2 fM in die nächste M, 3 fM (5 M).
4. Runde: 2 fM in die nächste M, 4 fM (6 M).
Arbeit beenden, dabei den Faden zum Annähen lang genug stehen lassen. Das Horn ausstopfen.

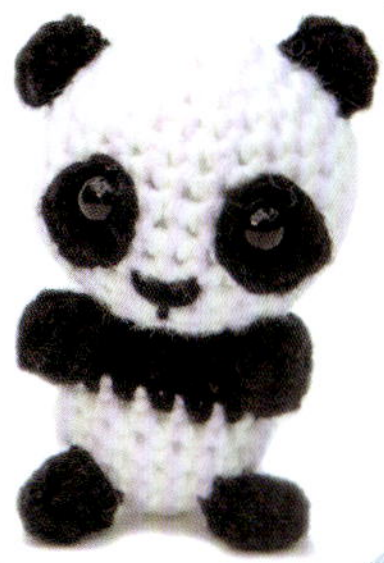

2. HORN

1. Runde: mit weißem Garn 3 fM in einen Fadenring (3 M).
2. Runde: 2 fM in die nächste M, 2 fM (4 M).
3. Runde: 2 fM in die nächste M, 3 fM (5 M).
4. Runde: 2 fM in die nächste M, 4 fM (6 M).
5. Runde: 2 fM in die nächste M, 5 fM (7 M).
Arbeit beenden, dabei den Faden zum Annähen lang genug stehen lassen. Das Horn ausstopfen. Das 2. Horn ganz vorne an die Nase und das 1. Horn direkt dahinter annähen. Den Kopf an den Körper nähen.

PANDABÄR

KÖRPER

1. Runde: mit weißem Garn 6 fM in einen Fadenring (6 M).
2. Runde: 2 fM in jede M (12 M).
3. Runde: *2 fM in die nächste M, 1 fM* 6 x (18 M).
4.–6. Runde: 1 fM in jede M (18 M).
7. und 8. Runde: mit schwarzem Garn 1 fM in jede M (18 M).
9. Runde: *2 fM zus, 1 fM* 6 x (12 M).
Mit Füllmaterial ausstopfen.

AUGENFLECK (2 x häkeln)

1. Runde: mit schwarzem Garn 6 fM in einen Fadenring (6 M).
2. Runde: 1 fM, 2 fM in die nächste M, 1 fM, 1 Km. Die Runde hier beenden und den Faden zum Annähen lang genug stehen lassen.

KOPF

Den Kopf nach der Anleitung für den Hasen auf Seite 12 in weißem Garn häkeln.
Die Sicherheitsaugen mittig auf den Augenflecken und dann zwischen der 6. und 7. Runde mit 5 M Abstand auf dem Kopf einsetzen. Die Ränder der Augenflecken festnähen.
Mit schwarzem Garn eine Nase und einen Mund zwischen die Augenflecken sticken. Diese zwischen der 8. und 9. Runde über 3 M platzieren. Den Kopf an den Körper nähen.

BEIN (4 x häkeln)

1. Runde: mit schwarzem Garn 6 fM in einen Fadenring (6 M).
2. und 3. Runde: 1 fM in jede M (6 M).
Arbeit beenden, dabei den Faden zum Annähen lang genug stehen lassen. Die Beine nicht ausstopfen und an den Körper nähen.

OHR (2 x häkeln)

1. Runde: mit schwarzem Garn 6 fM in einen Fadenring (6 M).
2. Runde: *2 fM in die nächste M, 2 fM* 2 x (8 M).
3. Runde: 1 fM in jede M (8 M).
Arbeit beenden, dabei den Faden zum Annähen lang genug stehen lassen. Die Ohren nicht ausstopfen, flachdrücken und an den Kopf nähen.

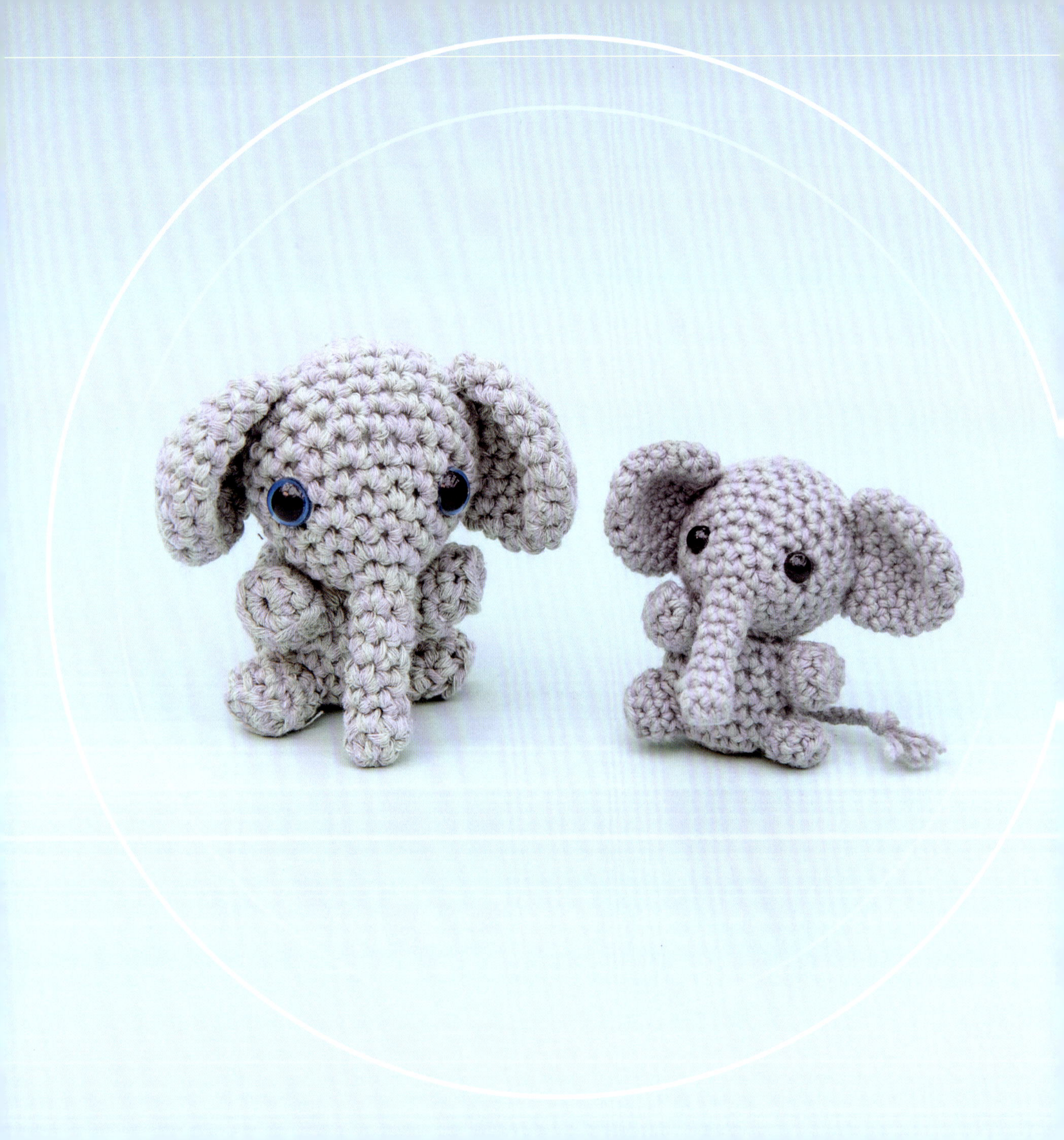

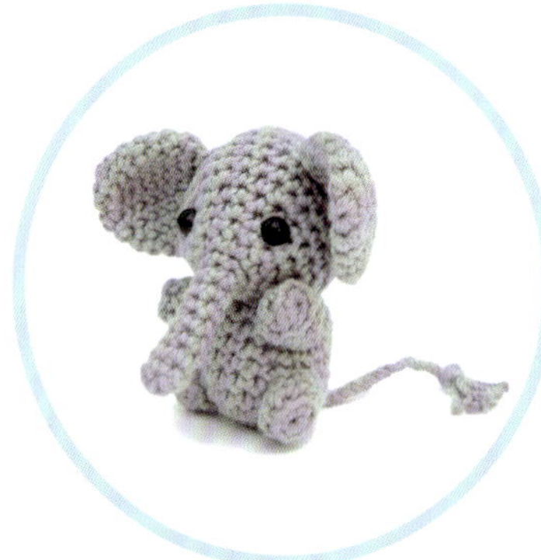

ELEFANT

Hinweis: Alle Teile mit grauem Garn häkeln.

KÖRPER

Den Körper nach der Anleitung für den Hasen auf Seite 12 häkeln.

KOPF

1. Runde: 5 fM in einen Fadenring (5 M).
2.–8. Runde: 1 fM in jede M (5 M).
9. Runde: 2 fM in die nächste M, 4 fM (6 M).
10. Runde: 2 fM in jede M (12 M).
11. Runde: 1 fM in jede M (12 M).
12. Runde: *2 fM in die nächste M, 1 fM* 6 x (18 M).
13. Runde: 1 fM in jede M (18 M).
14. Runde: *2 fM in die nächste M, 2 fM* 6 x (24 M).
15.–18. Runde: 1 fM in jede M (24 M).
19. Runde: *2 fM zus, 2 fM* 6 x (18 M).

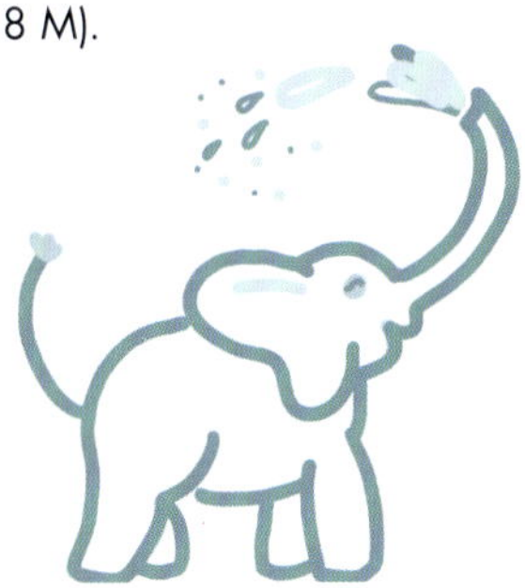

20. Runde: 1 fM in jede M (18 M).
21. Runde: *2 fM zus, 1 fM* 6 x (12 M).
Die Sicherheitsaugen zwischen der 11. und 12. Runde mit 5 M Abstand einsetzen.
Mit Füllmaterial ausstopfen.
22. Runde: *2 fM zus* 6 x (6 M).
Arbeit beenden und lose Fadenenden vernähen.

OHREN (2 x häkeln)

1. Runde: 6 fM in einen Fadenring (6 M).
2. Runde: 2 fM in jede M (12 M).
3. Runde: 1 fM in jede M (12 M).
4. Runde: *2 fM in die nächste M, 1 fM* 6 x (18 M).
5.–7. Runde: 1 fM in jede M (18 M).
8. Runde: *2 fM zus, 1 fM* 6 x (12 M).
Arbeit beenden, dabei den Faden zum Annähen lang genug stehen lassen. Die Ohren flachdrücken und an die 16. Runde des Kopfes nähen. Den Kopf an den Körper nähen.

BEIN (4 x häkeln)

1. Runde: 8 fM in einen Fadenring (8 M).
2. Runde (hMg): 1 fM in jede m (8 M).
3. Runde: 1 fM in jede M (8 M).
Arbeit beenden, dabei den Faden zum Annähen lang genug stehen lassen. Die Beine ausstopfen und an den Körper nähen.

SCHWANZ

Drei 20 cm lange Fäden vom Garn abschneiden. Diese mithilfe der Häkelnadel durch eine Masche am Hinterteil ziehen, sodass die Fäden gleich lang herunterhängen. Den Schwanz auf die gewünschte Länge flechten, am Ende verknoten und überstehende Fransen sauber zurückschneiden.

Für den großen Elefanten auf der Seite gegenüber wurde das Garn doppelt genommen und mit einer Häkelnadel in Stärke 4,0 mm gearbeitet.

Bibliografische Information der Deutschen Bibliothek.

Die Deutsche Bibliothek verzeichnet diese Publikation in der Deutschen Nationalbibliografie.
Detaillierte bibliografische Daten sind im Internet über http://www.dnb.de/ abrufbar.

Bei Fragen zur Produktsicherheit wenden Sie sich an

Edition Michael Fischer GmbH
Kistlerhofstr. 70
81379 München
kontakt@emf-verlag.de

EIN BUCH DER EDITION MICHAEL FISCHER

9. Auflage 2026

Erstveröffentlicht bei © 2019 Forlaget Klematis A/S, www.klematis.dk
Titel der Originalausgabe: **Hæklede minidyr til lands**

Aus dem Englischen übertragen von Dr. Katrin Korch, Baden-Baden

Cover: Alexandra Wolf
Layout und Satz: Emilia Ruppel
Illustrationen: Emilia Ruppel
Produktmanagement und Lektorat: Lisa Helmus
Fotografie: © Claus Dalby

ISBN 978-3-7459-0863-3

www.emf-verlag.de